深度改变

意愿比能力更重要

林国荣——著

北京时代华文书局

坚持，就是最好的方法

向我的师父致敬

这本书记载了我们所有人的坚持

自序

这里就是出发点，向着梦想前进吧！

我17岁进入社会，21岁参加领导力培训探索课程，结束后收到培训公司的一封信，问我是否愿意加入公司的团队。就这样，我辞掉收入不错的业务工作，进入Jim Cook先生创立的新公司，从基层员工做起，用心学习，认真工作。24岁那年我成为导师，确定了一生要走的道路，并决定以奉献的态度走我的人生之路。

“教练学”被很多国际知名企业视为人力培训、提升竞争力的利器，身为导师的我以激励学员看见人生希望为荣。我的许多观念都是来源于师父的启蒙，他的教诲为我打下深厚基础，仿佛他通过教导把基因传承给我。几年之后，我开始跃跃欲试，想到中国闯荡一番，师父对我的离开感到不舍，但他晓得学生出去创业等于理念的延伸，因此怀着祝福送我离开。

我的创业之路走得并不顺遂，一般年轻人可能会犯的错误我都犯过了，历经几番失败、修正和“重启”，2003年，我创立了愿景集团（INVISION GROUP），用“教练学”来促进个人成长及企业的持续培训。作为愿景集团总裁暨首席执行官，以及香港亚洲教练及导师学院首席营运官、教练学国际协会（AC,Association for Coaching）中国总会主席，我不断充实自己，甚至重回校园学习，继38岁拿到博士学位后，在事业忙碌之际依然坚持到英国剑桥大学进修，拿下专修专业教练的本科文凭。这些年来我把“评估成功概率”“投资报酬率”这些聪明本事全数从脑海删除，将全部心力都放在“该做的、能做的、想做的”事上，感谢上苍，发扬“教练学”的梦想终于成真。

有朋友说：“Chris，我觉得你是个没包袱的人，勇于创新。”收到这番赞美，我想将荣耀归功于师父，感谢他把崇尚心灵自由传承的理念给我。记得我曾告诉师父：“课程的教学方法应该与时俱进，所以我想要这么改……”他边听边笑边提醒：“请你不要把我的四个轮子全给拆了，毕竟车就是车，不是飞机或轮船。但你可以尽量改造，只要能强化这辆车的性能，没什么不能变的，我拭目以待。”有师父这番话，我怎么还会有包袱？

40岁生日过后，我萌生了写书的念头。

我常和学员讨论自我探索、人际关系、成为领袖、自我激励、承诺精神与价值等课题，也收到很多有想法的反馈。然而，来到愿景集团上课的人毕竟还是少数，我很希望把有利于成长的观点介绍给更多人，帮助他们成为自己的老师，厘清人生不同阶段的困惑。既然书本是让人进步、助人启发的最佳工具，我便告诉自己："写书吧！把你的专业知识分享给更多的人。"

惭愧的是，我的时间总被工作和课业瓜分殆尽，写作却是心有余而力不足，直到结识方言文化出版公司总编辑郑明礼，我和明礼兄都看见了现代年轻人的彷徨，很想为他们做些什么。这催生了这本书的出版，我酝酿多年的心愿总算实现。

作为白手起家的创业者，我拥有太多失败的人生经验，野人献曝地拿出来，希望年轻人看完后能有所得，并将此当成起点，勇敢地创造梦想，实现梦想。

借由本书的出版，向我永远的人生导师Jim Cook先生致敬。一日为师，终身为父，您是我心中永远的明灯！

林国荣（Chris Lam）谨志

2017 年 6 月

目 录

1 你觉得自己重要吗？

2 是否每个人都能成为领袖？

3 人际关系是成功的必要条件吗？

4 你能随时自我激励吗？

5 你追求成功人生，或只是求生存？

6 如何做一个有价值的人？

你觉得自己重要吗？

“你觉得自己重要吗？”

“我只是无名小卒，没什么重要。”

“老师，你觉得自己重要吗？”

“家庭、朋友、工作、社会关系都很重要，
而我身为其中的一分子，当然重要！”

就算登陆火星，
也得先知道自己此刻在哪儿！

每当询问学员：“你觉得自己重要吗？”多数人露出腼腆的笑容对我摇头，较活泼的会回答：“我只是无名小卒，没什么重要。”

如果被反问，我的答复是：“我的家庭、朋友、工作、社会关系都很重要，身为其中一分子的我当然重要！”

既然“我”如此重要，“让自己更好”便成为终生追逐的目标；反之，看不见自己重要性的人，很容易在挫败中自我毁弃。

想拥有更美好的人生，请把“看重自己”当作起点，并且从“认识自己”开始跨出第一步。只有当你对自身有所了解，知道自己的定位，才能晓得如何帮助自己。

认识自己，如同为人生安装了GPS

我喜欢告诉学员，你我“当下”皆有个坐标，代表自身存在的状态与位置，随着成长、进修、历练，状态可望提升，位置亦可能往更高的方向移动。

曾有个年轻学员问起：“既然未来位置会改变，那又何必知道当下的坐标？”

我告诉他：“就算NASA决定送你上火星，也得先知道你此刻的坐标，才好将你接走吧。”伴随众人笑声，我接着说，“确认坐标才有机会被宇宙飞船接走，相同的道理，知道此刻的状态与位置，才有机会向正确的方向出发。别以为一飞定能冲天，搞错方向也可能坠入悬崖。”

“认识自己”容易吗？我本来觉得相当容易，直到真正成为讲师，面对无以计数的学员之后，这个想法才得以改变，并且发现有许多人不太能接受自己的真实样貌。

请你尝试形容一下自己，有些描述是你我很轻易便能承认的：

“我从小为破嗓子自卑，没有勇气在众人面前唱歌。”

“我的沟通能力很强，历任老板都认为我很有领导才干。”

“我学不会做菜，朋友都笑我对美食毫无鉴赏力。”

“我的方向感差，经常迷路，不太敢独自去陌生的地方。”

有些描述甚至难以启齿，则须鼓起勇气方能面对：

“我常梦见父亲的拳头，直到现在都畏惧和男性相处。”

“我小时候经常被老师骂白痴，现在只要主管凶我就会想要离职。”

“我害怕独处，下班后经常泡吧，只要一喝醉便会哭个不停。”

“我没办法和别人发展亲密关系，并且认定感情迟早会害我心碎。”

你会如何描述自己呢？试着用纸笔条列吧！假如请你在团体中朗读出来，有多少项是自己想保留的？以及最后想想，有没有你明明晓得却装作不知道，刻意回避不写出来的？

想要有所保留是正常的反应，列出这些的目的是帮助你更了解自己。请保持客观，别去评判自己“好不好”，而是纯然地、诚恳地接受“我不懂的”“我会的”“我讨厌的”“我是这样的”，以及不必为此抱憾或骄傲，也无须急着澄清或抗拒，目标就只是认识自己、接受自己。只要第一步能做到这点，就很棒了！

学会认识自己，就如同拥有一台GPS，即使走进沙漠也不必害怕，因为你不会迷失人生的方向。一旦确认自己在哪儿，是怎样的人，就能朝着正确的方向出发，换言之，确认是为下一步而做。

幸福或许只有一步之遥

生命中免不了有低潮，面对低潮时，自怜、抗拒、麻木、抽离都是正常的反应。认识自己，确认所在位置的另一好处，是有助于看清现在自己究竟是处于高峰还是低谷。确认后，你或许会发现：你并非如自己所想的那么倒霉，胜利也未必离你那么近，问题的症结可能不在他人而是自己。

曾有位家长趾高气扬地说："钱不成问题，你只要能把我儿子教乖就好！"在与孩子深谈后，我婉转地向这位父亲表示："您的儿子没问题，只是长大了。真正有问题的是您，请别再拿控制8岁男孩的态度去管教18岁的他。"

任何创业者无不希望尽快成功，总会自我催眠："马上就要赚进大笔钱财了！"当事实不如预期时却又往往转而愤愤不平。面对这样的问题，我经常会如此举例来告诉他们："当你看见成功就在一公里外，请别急于欢呼，而是要保持理智来看清环境，或许你们之间隔着一道悬崖，硬往前跳只会粉身碎骨。有时解决之道极可能是转过身去绕远路才能到达。"

每当有人抱怨不幸福，我便会问对方："你觉得幸福是什么？"记得曾有几位中年大姐描述对幸福的看法，分别说出"难过时有人安慰""有人真心赞美我""我的爱有所寄托""不必独自生活"等答案。

当请她们进一步回想"谁最常对你做这些事"时，她们很快说出是另一半、儿女、朋友，抑或兄弟姐妹、同事。这时我才提醒她们："虽未必时时拥有幸福，但也绝非'从来都得不到'呀！"这时其中一位大姐有感而发："原来，也不是那么不幸福啦！"其余几位亦纷纷点头。

何不再确认一下，你所企盼的东西真的欠缺吗？或许你早已拥有却不自知，又或许虽未到手也只剩一步之遥啊！

别闹了！
谁能比你更了解自己？

常有学员问道："老师，您能告诉我，我是怎样的人吗？"我认真地凝视对方说："我既不是你肚子里的蛔虫，也不懂占卜问卦。况且又有谁能比你更了解自己呢？没有！不如你来说说'自己是怎样的人'？"

每当课程展开，总有学员在自我介绍时会引用星座、血型、八字为自己下注解，而我通常是一笑置之。在我的想法里，这类说法再科学也仅是统计学的结果。依生肖或星座把人分为12种，这12个框架会是为你量身定做的吗？

我对学员们表示，有缘齐聚一堂是了解自己和认识他人的大好机会，大家何不好好把握来描述自己，光用统计学的论点不会太可惜了吗？

演绎自己，由你来做最合适

人80%的信念都形成于3至10岁的阶段，中国人说“三岁定八十”自有其道理。10岁以后所建立的信念有限，多数时候是通过某些事件去搜集记忆，以强化个人信念。例如有的人会因为受骗经验无法抹灭，归纳出“人是不可信的”；有的人则着迷于同侪合作的氛围，特别偏爱团体工作的模式。

那么，信念容易改变吗？恐怕不然。爱因斯坦曾说：“要打破人的偏见，比分解一个原子还难。”我认为，除非你愿意改变，否则谁也无法令你回头。

我曾在课堂上询问：“怎样才算成功？”学员给了各式各样的答案，包括“对自己满意”“能帮助别人”“拥有充裕的财富”“有举足轻重的地位”等，大家的发言都相当踊跃。我接着提出：“觉得自己成功的人请举手。”现场举手的人寥寥可数，台下纷纷露出尴尬的笑容。

此时我请大家花一分钟思考：“有哪件事自己觉得做得不错，或是周遭亲友对你相当肯定的？”当我一一邀请学员发表自己的看法，每个人都能给予不同的答案，例如“我擅长安慰别人”“我从小养成储蓄习惯”“爸妈觉得我是最孝顺的孩子”“我能很快地赢得他人的信任”“我非常健康”……

“每个人对成功的定义不同，具有的优势也不一样，如果从现在起把你的优势放大到极致，请问你们觉得和成功的距离会不会更接近些呢？又或者有没有人想调整对成功的定义？”忽然之间，台下许多人的双眼都亮了起来。

人们的所见、所信、所求，是在个人世界里用自己的信念去定义和演绎的，可以说这世界充满了对话和演绎，或者可以说这世界由对话和演绎堆叠而成。基于这个道理，我深信“你是怎样的人，应该由你自己来定义和演绎”。

当我要求学员用一句话来介绍自己时，有个女孩说：“没人爱我，因为我很胖，容貌也不好看。”

“可是我发现你很温柔，也经常笑脸迎人，为什么不选择讲这些呢？”我问道。

女孩耸耸肩表示她没想到。我接着说：“如果把题目改成‘用一句话指出自己的优点’，你会考虑采用我刚才的描述吗？”她说：“应该会。”

我常呼吁大家除了对自己诚实，更要多从正面角度来看待自己。演绎自己时尽量挑选可以支持你向前的对话，亲口说出等于自我确认，这比谁来告诉你都更有意义。

自发性的确认，有助于摆脱人生桎梏

我小时候经常自我怀疑，睡不着时就会想东想西：“我在这世上会不会有成就？”“我能不能对别人有所贡献？”“我有办法让妈妈过上好日子吗？”“长大后会有女生喜欢我吗？”……我还记得小学时代的志向是当警察，因为能抓坏蛋，维持正义，在长大的过程中我一度遗忘了这个志愿，不过对公平正义的渴望却不曾忘怀，那是我评估很多事物的重要指标。

有些事人们从不会忘记，但也有不愿面对的事，最后索性用否认来逃避，其结果是藏在口袋里的事实就像尖锐的锥子，限制我们再也无法把手伸进口袋，否则就会被刺得鲜血淋漓。

有个朋友的孩子已经7岁了，始终无法与人互动，也不说话。很多人提醒：“这孩子可能是自闭症，带去看医生吧，这么大已经错过治疗黄金期了。”但他总是婉拒：“这孩子只是不想讲话，不需要看医生！”

在一次聚会时，他抱怨整个大环境越来越差了，我趁机提醒：“要改变事实很难，但我们可以改变思维；要改变大环境不容易，但我们可以思考如何在大环境里做自己。人生不也一样吗？”他点头认同。我接着邀请：“来我课堂听听吧！或许你会有新思维。”

上完“确认”课程后，这位朋友坦然地告诉其他学员：“我的孩子可能患有自闭症，但我还是很爱他。我决定明天带他去看医生，希望能帮上他。”有学员听了感动得落泪，也有学员感谢他的分享：“我原本对女儿失望透顶，此时此刻感激上天，她能健健康康的真是太好了。”

朋友说，承认家有自闭儿之后，他的心不再像过去那般沉重，反而拥有了勇气和方向，能够承担一个父亲应尽的义务。

我是谁？
看见自己的“人格特质”

每当被问到：“人会改变吗？”“我能决定自己变成怎样的人吗？”我都会习惯地深吸一口气，然后像回答申论题般谨慎。这是既严肃又极为重要的事。

“人是不会变的，因为人是蜕变。是的，你能决定自己。”我除了这样回答，还会同时在白板上写出“A+B=C”的算式，以便进一步解释：“很多人很想由‘A’变成‘B’，甚至‘C’，因为他们不喜欢自己是‘A’。”

在算式中，A代表人们性格中本就拥有的特质，B是通过学习和锻炼所建立的特质，在两相作用之下最后使我们蜕变成为C。这个C看似全新但其实包含了A，也包含了B，既不失本心又增加了好的特质，蜕变后的我们自然得到提升了。

了解自己的人格特质，并建立期盼的特质，决定了我们最后成为怎样的人。

别再闪躲！其实你的问题早有答案

伙伴曾感慨地问："我们是在做社会教育又不是算命，为何老是有人来问前途？"他说得毫不夸张，每隔一两个月，就有学员找我请教工作上的事。

"老板约谈时问起，我对这份工作有什么期许。他想要知道我有无担任经理的企图心。"

"你想吗？"

"不知道！不晓得公司对我有什么规划。"

"那你想做什么？想要什么？"

"我不知道。"

"你不知道？那你想和我谈什么？"

"就……老师，您觉得我想成为经理吗？"

"如果不想，你何必找我谈？"

"呃……也对！"

明明想成为经理却不敢承认，因为一宣告"我想当经理"就得开始扛责任——对自己的未来，也对公司的未来负责。相较之下，闪躲便不用正面负责，岂不更轻松？与此同时，如果正面回答"我想当经理"，老板可能进一步追问："你打算如何迈向经理职位？"这就更有压力了。说出来会变成承诺，非得做到不可，于是许多人干脆就打迷糊仗。

如果你常用模糊态度敷衍自己和他人，我的处方是扪心自问：

“我假装不知道的是什么？”

“我为什么要假装不知道？”

相信我，你是最了解自己的人，真正的答案其实早已在你心里，请别客气，把它说出来吧！

人与人的关系有两项重要元素：一是信任，二是诚实。三岁孩童就懂得说谎能不被责骂，否认杯子是他弄破的，坚称没有偷吃糖果，没有抢妹妹玩具，选择如此回答是因为他相信这么做最能保护自己。大人也常陷入矛盾，一方面觉得信任别人会害自己受伤，一方面又无法坦然告诉对方“其实我不信任你”，可见信任与诚实都不容易做到。

当你遭遇这种状况时，我的建议是：“对自己诚实！这是负责的基本态度，保证利人利己。”

每个人拥有多种特质，只是比例不同

人都有五脏六腑，但生来体质各异。有人心脏特别弱，有人肠胃特别好，只要认真养生就能强化某个器官，若是一再糟蹋自己身体，就算体壮如牛也会疾病缠身。

人格特质也是类似的道理。我喜欢将人比喻为容器，各种性格特质都装在其中，只不过每个人的比例不同，即便是孪生兄弟，外表再相似，性格也未必一样。正如天地万物概由许多的元素所构成，而构成你我的除了化学元素，也包含了人格特质。

我们表现于外的特质，就像是露出水平面的冰山，而在水平面底下还存在许多不为人知，甚至连自己都不太清楚的特质。

有人说："我很悲观，乐观和我绝缘。"也有人说："我脾气暴躁，在我的字典里没有'温柔'两字。"这些只是你所选择的演绎罢了。我自认积极，但有时也会消极，想逃避某些事，但我知道如何鼓舞自己把积极一面展现出来，因为这是我的选择。

传统教育观念里，总会要求男孩勇敢、理性、强壮、有行动力，要求女孩柔软、感性、慈爱、有关怀心，所以有"男儿流血不流泪""女儿当作解语花"的俗谚。随着时代的变迁，谁说男性只能刚强、压抑，女性只能贤淑、柔弱？理性与感性是两股不同的力量，人人身上都可以同时拥有。当男人发挥细心与体贴，可以是很棒的裁缝、厨师或护士；当女人发挥果决与担当，可以是很棒的总裁、工程师或政治家。

这个世界没有哪个工作只适合男性或女性，就看你如何驾驭生而拥有的力量。

优点+缺点=完整的我

我到学校演讲时，常会在礼堂看见“养天地正气，法古今完人”的牌匾，每次我总会忍不住嘀咕：“什么是‘完人’？”依照自己求学时的印象，老师把“完人”定义为“道德完美的圣贤”，当年只觉得这境界仰之弥高，如今想来，真后悔当初没请教老师：“究竟哪些历史人物是‘完人’？”

我结交不少各行各业的精英，也认识诸多力争上游的年轻人，无论是叱咤风云的气势还是认真打拼的身影都同样撼动我心。但从这些杰出者身上，我并没看见谁是完美无缺的。

当优点如阳光耀眼，自然瑕不掩瑜

所谓完美，应该是只许有优点不准有缺点，我判断地球上大概没有这种人。与其追求不存在的完美，倒不如接纳优点与缺点，接受“不完美但完整”的自己，反而更容易活出光彩。

很多女孩因在意齿列不整齐而不敢开怀大笑，或辛苦地戴牙套矫正，在我看来，除非咬合严重影响到健康，否则小小的不整齐无伤大雅，倒不失为可爱。

老子《道德经》里有段话令我感触颇深："天下皆知美之为美，斯恶已；皆知善之为善，斯不善已。"换成较白话的讲法，如果普天之下都认同某个美的标准，与标准不符的丑便同时诞生；如果普天之下都认同某个善的标准，与标准不符的恶也就出现了。然而这世上没有一个标准永远适用。从古至今，善恶美丑始终并存，其定义也不断改变，今日之是可能为昨日之非，更多时候，好坏、高下是比较出来的。

多年前的夏天，我带小儿子去宜兰露营，因天气好又没光害，夜里看见满天繁星。小家伙雀跃不已，最后数着星星睡着了。

隔天早上，他把我摇醒："爸爸，星星都不见了，去哪里啦？"

睡意蒙眬的我便敷衍回答："跟月亮一起转下去了。"等他跑开，我忽然惊醒："我刚才说得对吗？"发现自己竟对儿子传播错误知识，我马上爬出帐篷唤他过来："对不起，爸爸刚才讲错了。星星还在原来的地方，还是亮着，只不过白天阳光很亮，所以我们看不见星星……"

我醒悟到：星星就像我们的缺点，太阳就像我们的优点，人们身上同时拥有优点和缺点，有些缺点能凭借意志力改掉，有些缺点则难以彻底根除而像星星一直都在。但如果能把优点发挥到极致，像太阳般明亮，就会让人意识不到星光般的缺点，即便记起来也会用“瑕不掩瑜”来包容它的存在。

缺点是优点的夸张化，翻转一下吧

有句俗话：“优点的背面是缺点。”也有人反着说：“缺点的背面是优点。”就像祸福相依的道理，优点和缺点也往往相伴。我始终认为缺点是优点的夸张化，中国人讲究中庸，夸张过头便不讨喜，有时把程度微调一下，缺点就不至于刺眼到难以忍受了。

不过世事多变化，有时候原本的优势也可能变成致命伤，弱势反倒成了利器。正因如此，一些长期受争议的负面特质，仍有机会“咸鱼翻生”而变成好的特点。

我是苹果手机迷，每逢新品问世必定请秘书排队抢购，强烈希望自己是头一批体验新产品的人。当旁人问我觉得新产品最棒的功能是什么？我总回答：“炫耀！”大家都以为是在说笑，殊不知我是认真的。

我从小就喜欢炫耀，被爸妈提醒过，这在多数人眼中是个缺点。等稍微年长之后，我自知这缺点若控制不好会惹人厌，一度考虑要不要把这点隐藏起来，直到接触了成长课程我才真正释怀。与其选择压抑，我宁可把它转化，将喜欢炫耀的特质应用在工作上，蜕变为喜欢展现自己的动力。这个特质原本是缺点，却因运用得当，让我成为受欢迎的导师并且乐在其中，现在它反而成了我的优点。

如果你有对抗多年始终无法战胜的缺点，何不换个想法帮这个缺点找出路？把它放到对的战场，它极可能翻转成为你最宝贵的优点。

你为何总在扮演受害者？

孟子的“性善论”与荀子的“性恶论”各有支持者，我觉得善与恶生来并存在人的身上。从事导师工作近20年，我有两个体会：

· 人很抗拒“不负责任”的角色。

· 人很喜欢“受害者”的角色。

假若你想要激怒一个人，只须暗示他工作不努力、不照顾家庭，是个失职、欠缺责任心的人，百分之百会令对方暴跳如雷。相反，如果告诉一个人：“你太不幸了！”“这些不能怪你，都是某某人的问题！”对方就会觉得你很有同情心。

然而我想提醒一下，“不负责任”和“受害者”之间经常有些雷同。当受害者的最大好处是不必负责、不必行动，便有人付出同情，给予认同，还可以把错怪罪在他人头上。如果可以，我希望大家千万不要成为这两种人。

“I will”的力量，远比“I can”更大

年轻人最关切的两大领域，分别是感情与工作。参与成长课程的年轻学员，经常会针对这两项提出疑问，希望进一步探讨来帮助自己成长。

对于情感上的困扰，女生往往比男生更勇于说出口。我常听到二十几岁的女孩抱怨：“我大概八字很差，恋爱运特别背。”如果询问“究竟多背”，往往会得到“交往对象不专一”“家长反对只好放弃”“毕业后渐行渐远”等各种答案。基于同情弱者的习惯，多数人会安慰女孩，甚至帮腔责骂她的前男友，以示对她的支持。

我不鼓励学员们用“恋爱运差”来诠释每一段夭折的感情，这是推诿的说法，无助于找出真实原因。通常我会鼓励大家秉持诚实的原则，一步步触及问题的核心，真相就会慢慢浮现。有时是女孩抱着“骑驴找马”的心态，追求者等不到允诺又欠缺安全感，只好改追别人；有时是女孩错估形势，未能及时做父母和男友的桥梁，男友在应对上表现不佳，以致家长对其观感太差而反对；有的女孩则认定约会活动应由男生负责安排，偏偏对方毕业后正为求职疲于奔命，无暇顾及约会质量，导致双方交往意愿降低……当上述情况发生时，令人不由得思

索：她真的是受害者吗？完全不必负起应有的责任吗？

关于职场上的挫折，无论男女都能轻易地表达。初入社会的前几年，多数人尚处于摸索阶段，年轻是最大的本钱，把握机会多尝试是好事，换工作也在所难免。有些年轻人碍于经济压力，或是急迫想赚到钱，一开始会选择起薪较高但发展性、专业性较差的工作，因此错失了黄金探索期。几年下来，薪水涨幅不高，个人成长有限而且做得不开心，眼看逼近而立之年，未必有勇气换跑道从头奋起。

这些人对老板的抱怨特别多，经常以受害者的姿态感叹“公司误我终生”，殊不知是自己短视近利所造成的结果。“我没办法……”“我不得不……”是这群人的惯用句型，他们习惯把决定权交付他人，一旦结果不如预期，便转头自怨自艾，旁人过多的同情有时反让他们更耽于受害者角色。

请自我检视，如果经常扮演这样的角色，奉劝你要尽早觉醒，并改变思考和说话的习惯，从“I can not”改为“I can”，再进化为“I will”。随着信念的改变，你的力量会大幅增进，一定能赢回人生的主导权。

从"Have→Do→Be"变成"Be→Do→Have"

前进的方向决定我们的未来，你的思维方向亦是如此。我发现多数年轻人习惯循着"Have（拥有）→Do（做）→Be（成为）"的路径做思考，举例来说：

"让我拥有双B[①]轿车"→"我可以到处兜风"→"成为自由快活的人"。

"让我拥有大房子"→"全家开心入住"→"家庭就会幸福和乐"。

"让我拥有很多钱"→"别人对我尊重"→"我成了有尊严的人"。

缘于这样的思考模式，我常听到这类抱怨："当初我如果去留学，早就升官了！""我爸如果是李嘉诚，我做什么都会成功！""如果当年跟着爷爷移民美国，我现在至少是艺术家！"这些"如果"无法遂愿，便有理由以受害者自居，将一切不如意归咎于外界因素。我常忍不住反问："这种思维到底让你更快乐，还是更难受？"

坦白讲，上述思维对你的现实人生没什么帮助，如果可

① 双B，为德国奔驰与宝马两大汽车品牌之合称，取Benz及BMW之首字母"B"而得名，在台湾地区为人所熟知。

以调整一下，结果可能截然不同。我会建议大家改为以“Be（成为）→Do（做）→Have（拥有）”的路径做思考，例如：

“我要成为快乐知足的人”→“经营与家人的关系”→“我会拥有幸福家庭”。

“我要成为尊重自己的人”→“重视对人的承诺”→“我会拥有他人的尊重”。

“我要成为认真工作的人”→“下班后学习外语”→“我会拥有升迁的机会”。

把焦点向内，通过自省所获得的力量不容小觑，当懂得自我要求并付诸行动，所得到的结果将更丰硕，届时何须再扮演受害者来博取同情呢?

世界无“路”可选，你得忠于自己的本心

鲁迅在《故乡》里有段话：“我想，希望本是无所谓有，无所谓无的。这正如地上的路，其实地上本没有路，走的人多了，也便成了路。”

地上本来就没有路，路是人用双脚走出来的。既然如此，人生根本无“路”可选，你只能忠于本心，跟着兴趣而行。世人千方百计在“选路”，无非想要一条安全、快速、能复制他人的成功捷径，这做法如果可行，世上怎会有失败者呢？

我在课堂上做过一个小测验，询问：“第一条路有许多人走过，不难想象最后会走到哪里；第二条路人迹罕至，不晓得沿途有什么，但有机会到达你想去的地方。你会走哪一条？”多数人口头上选第二条。当请众人再次诚实思考后，许多人改口了：“我大概还是会走第一条。”理由很简单，因为大家觉得跟随他人是安全的，忠于自我，踽踽独行却可能会是一场

冒险。

最长的旅程是人生，你容许今生的旅程了无新意，只剩模仿和复制吗？若想拥有属于自己的故事，那么就听从你的本心吧！

别人的成功路，于你可能满布荆棘

我是两个男孩的父亲，不希望他们复制我的人生经验，变成第二个我。许多时候我会克制不去插手，由孩子自己做主，选择他所爱的事，不必把脑筋用在“爸爸中意什么”“妈妈希望什么”上。人人该做自己，即使可能遇到挫败，赚不了太多钱，但只要内心踏实、喜悦，那又何妨呢？

帮孩子报名成长课程时，许多家长会特别加几句悄悄话给我：

“Chris老师，拜托指点我儿子一条有出息的路，劝他别再踢足球了。”

“林博士，我家丫头很聪明，但偏偏不爱读书。请您教导她改正，认真去考托福吧！”

天下的父母，总希望孩子拥有光明的未来，却忽略了别人的成功之路也是他们辛勤开创出来的，你家孩子不见得走得通。你只看见别人的风光，怎知一路走来，对方经历过哪些痛苦？

做父母的，难道完全没有发言权？倒也不是，有些话就很适合父母来讲。当小孩表态："我想当职业足球员。"不必急着否定，而是该问问他："你想在哪里踢球？"鼓励孩子把梦想说出来，经由这个过程，孩子会想得更周密。听完后，父母应尽可能分析得先具备哪些条件才能圆梦，如果他想去南美洲当职业足球员，不妨提醒他除了英语，最好还要学会西班牙语，至于体能锻炼就更不必说了。除了关心孩子做决定的前因，更要倾听他想象中的后果，然后提醒："没有哪件事是不必面对挑战的。爸爸祝福你，加油！"

既然都没把握，何不挑自己喜欢的

我喜欢观赏颁奖典礼，自己留意的并非哪位演员、哪部电影得奖，而是得奖人的上台感言。迈向成功宝座的路程未必轻松愉快，看见有人在获奖时喜极而泣，或在台上念出一连串姓名来感谢亲友、伙伴的支持，他们的神情令我感动——有人支持是件幸福的事，能做想做的事更加幸运。

小时候，每当我想做什么，不管考虑得是否透彻，不管点子是否天马行空，只要我说出来，母亲从不阻止，即使她是担心的；当我遇上困难望向她，她总会给我一个笑脸。相反，我父亲像个预言家，老是提醒我要有失败的准备，有时还会反对我去冒险，因为成功概率太低了。

我相信爸妈都爱我，他们俩是我前进的动力，但坦白讲，母亲的笑脸比父亲的预言带给我更多温暖。到了青春期，我总想证明自己给父亲看，想要得到父亲点头赞许，想要父亲为我骄傲，最最想做的是证明他是错的，我是对的。

我做许多事情时，脑子想的都是这些，结果毫无成就感可言，甚至身心俱疲，因为掉入“为别人而活”的泥淖，使不上力，受挫到无以复加。直到我改变想法，不在脑子里和父亲拉锯，专心做我自己，那些不好的状态才自动消失了。想要轻松、想要成功、想要安稳……每一个人想要的都不一样，别人指手画脚选的路未必适合你，与其如此，何不忠于自己，挑喜欢的去做呢？就算吃苦也是为自己的梦想而苦，而不是为了他人的心愿，这样不是比较值得吗？

你一定有感到自豪的事，找出来吧！

我的师父Jim Cook先生，他引领我进入教练学的专业殿堂，在我年轻气盛、懵懂摸索的阶段，其为人处世的圆融智慧，总在关键时刻给予我启发。我们情同父子，他是我终生感念的人生导师。

师父是美国人，热心又热情，致力把快乐带给他人，在他身旁常有惊喜。有一回我们在香港一起搭出租车，与司机先生闲聊了几句，师父告诉对方他来自美国，下车时除了车费还给了很丰厚的小费。

等出租车一开走，我告诉他："没必要给小费，就算要给也不必那么多。"

师父笑着拍拍我的肩："我要他记得美国人的大方，而且他会有开心的一天。"

每个人都有自豪的事，就我师父来说，他以自己的国家为荣，以带给很多人希望为荣。什么事情令你自豪？把它找出来吧!

为自己在意的人带来幸福，是莫大的成就

对我而言，最感自豪的事情之一，是成为“能让母亲快乐”的儿子。

因为工作关系，我与家人相处的时间不多。有次聊天，太太问:“你觉得妈还能和你在一起多久?”我回想外公、外婆离世的岁数，便回答:“至少还有20年吧!”太太露出不认同的表情:“或许还有20年，但实际加起来，真正在一起的时间也许只有两个月。”她在提醒我，该珍惜与老人家相处的时光，她知道我有多爱母亲。

我的父母当年偷渡到香港，勤奋工作只为给子女更好的生活。我是家中唯一的男孩，虽然家境不好却在充裕的母爱中长大，培养出积极乐观的性格。

母亲有个心愿，很希望儿子能上大学，在她的观念里，这辈子若能栽培出一个大学生，对自己、对社会都有交代了。她还觉得，在大学里读书是很幸福的事，衷心希望儿子能享有这份福气。

很遗憾，我17岁就离开学校进入社会工作，看我奋力打拼，母亲总提醒："要注意身体，别累坏了。"我25岁结婚搬出去住，母子不再天天见面，每当我做事获得小小的成就，常会想："妈知道的话，应该会很高兴。"

我在工作多年后才重回学校念书，那时已无须靠学历来证明自己，全然因为我想读。38岁，我拿到了博士学位，在事业忙碌、时间紧凑的情况下，坚持再到英国剑桥进修，学成之际决定邀请母亲参加我的毕业典礼。

从香港直飞英国得搭12小时的飞机，母亲不仅没抱怨筋骨酸痛，还神采奕奕地出席了盛会。见到她脸上的笑容，比拿到毕业证书还要可贵，她就像等到期盼了40年的礼物，喜悦而满足。

从那时起，我暗下决定，每年要满足母亲一个心愿，虽没说出口却身体力行。以去年来说，我终于说服所有亲戚整修了祖坟，完成当天还带着儿子前往祭拜。母亲说她终于放下心中的石头，未来能向林家祖先交代了，还高兴地告诉我："儿子，我这两年好像越活越顺，心愿都能实现耶！"

如果你对我的这份自豪有所认同，何不也试试看，从身边**找出最在意的人，尝试去理解对方的一些心愿，在能力范围内帮助对方圆梦。**你将发现，带给在意的人幸福，会是人生中莫大的成就。

用一辈子的时间，成为某领域的专家

我最自豪的事情之二，是热爱自己的工作，一辈子专注于此并成为专家。

17岁踏入社会，我获得的第一份工作是跑业务，多亏公司产品有口碑，以及自己的个性活泼又乐于接触人群，业绩始终不错。21岁那年，我接触成长课程，认识了师父，从此踏入教练学的领域，至今未曾离开过。我发誓要用一辈子的时间耕耘，做这一行的专家。

我喜欢当导师，喜欢陪伴学员探索自我，喜欢激励他人突破困境，喜欢引领年轻人成长，这份工作带给我的满足与成就感大过一切。每当课程活动圆满闭幕，我总想对台下学员们大声说："感谢你们的参与和认真！你们给予我好大的鼓励，让我有力量持续追求自己的梦想。"

当我不过20出头，就建构出梦想的蓝图：我要成为有能力奉献的人，我希望得到幸福，也能带给他人幸福；我要发光发热，更要把光能和热力传递给周遭的人！我期许在完成自己的梦想时，也有余力去帮助身边的人完成梦想。

作为导师，我起步得早也学得认真，23年来专注这个领域，并且有把握会在剩余的人生里继续做下去。这件事令我引以为豪，让我倍加肯定："我是重要的！"

我给年轻人的建议是："在30岁之前，尽量去探索你可能感兴趣的工作领域，这远比获取高薪更重要。等你从中找到最喜爱、最擅长的领域，然后钻研成为专家。这份成就将带给你满足，成为你最自豪的事情之一。"

除了亲情和事业，人生还有许多目标，期盼大家各自追逐，找到关注的焦点，创造属于你的自豪！

或许，你可以这么想：

如果我不是这世界最重要的人，那会是谁呢？

我要慎重地看待自己，因为我是所有事物的源头。

我看见自己对事物的影响和责任。

我的存在，对这个世界具有珍贵的价值。

是否每个人都能成为领袖？

“我到底有没有领导力？

如果没有，再努力也是白费吧？”很多人这样问。

我的回答很简单：

“只要你想，就有办法拥有领导力。”

与其担心自己有没有领袖特质，

不如深切考虑自己要不要成为领袖！

每个领袖的领导力，其实大不同

来上领袖课程的成年学员，都肯定领导力对人生的重要性，希望通过学习激发这方面的潜能。此外还有一些青少年，有些是自动自发产生兴趣，有些则是出自家长的鼓励。多数成人习惯把“具备领导力”和“出人头地”画上等号。常有家长把孩子带到我跟前，希望我“鉴别”一下，看看这孩子有没有领袖特质。每回听到这种要求我都啼笑皆非：“我不是摸骨大师，也不会看相，说‘鉴别’太沉重。事实上，每个人身上都有某些领袖特质。”

领导力是什么？哪些类别的性格较具领导力？领导力是一种天赋吗？如果不当主管还需要领导力吗？这是大家经常会有的疑惑。

领袖类型林林总总，特质各有千秋

团体领导人能负责沟通目标和愿景，引发他人自发性地承诺，促使他人投入时间、精力和资源，创造共同渴望的结果，完成宣告的目标。完成这份使命的能力，就是领导力。领导力是领袖必备的能力，却不是单一特质。观察各国领导人、跨国企业的经营者、各行各业高层主管、学校社团干部、慈善机构发起人……我们可得到一个结论：领袖风格多种多样，背景千差万别。换言之，他们的特质各不相同，却同样承担起领导的角色。

常有人想比较哪种领袖能力最强，我认为这并无探究价值。中外历史上，成大事的各类领袖都存在，从媒体报道亦能看出主导世界走向的几大强国政治领袖各有其魅力。整体来说，最常见的领袖类型包括以下几种：

• 卓越型领袖：想赢的决心无人能敌，才华横溢。

• 控制型领袖：气势强盛，一派老大作风，力求事态发展尽在掌握中。

• 支持型领袖：能随时替补团队中的任何角色，有全能的工作力。

• 乐观型领袖：开朗的领导人总能看见希望，也带给团队愉悦的氛围。

•智能型领袖：睿智与聪慧超乎常人，团队成员往往心生佩服而自动跟随。

•务实型领袖：带领大家逐步前进，脚踏实地去执行任务。

•概念型领袖：具有前瞻性是其优势，局势越混乱，越能洞察先机。

这表示每种性格的人都有机会发挥领导力，居领袖地位；从另一个角度看，每种类型的领袖纵然才华横溢却也都有缺陷，毕竟这世上没有完美之人。

我的重要伙伴，分属不同类型领袖

令人欣喜的是，各类型领袖之间并无排他性，能相互协调与合作，必要时也能接受他人的领导，对组织而言，这份弹性与气度弥足珍贵。

当事业发展到某个程度，我开始思考“极限”与“无限”。个人的时间、体力、才智都有尽头，发挥到相当程度便受局限，然而梦想和组织却能不断壮大。为顺应局势，我选择增加领导人，集众人之力来成就更大的愿景。

为了强化公司的“体质”让各方面发展均衡，我网罗好几位学有专精但领导特质互异的伙伴一起投入经营，让组织的架构更加完整。

我属于概念型领袖，习惯把关注焦点放在未来的发展上，盯住目标，讲求结果，却对执行细节不太在乎。既然知道自己的优缺点，也明白公司当下所需，我决定针对组织进行调整，以顺应事业版图拓展的需要。

公司的董事Timax属于控制型领袖，他像棵大树，提供树荫庇护人们，有他罩着，团队伙伴充满安全感。Timax喜欢被需要的感觉也注重掌控局势，他乐于伸展羽翼给予伙伴们最可靠的保护。

另一位董事Eric则是智能型领袖，他是我见过最聪明的人，更是位谦谦君子。他注重品行，随时谨言慎行，不喜欢与人争辩，却拥有独特想法，遇到难关时特别沉得住气，有他在就像吃了定心丸。

我的长期合作伙伴Olivia属于务实型领袖，她的踏实作风让我们的梦想不致与现实脱节，她擅长把天马行空的创意锚定在可落实的基础上。每次开会，当大伙儿兴奋过头，都靠她把大家“拉回地球”。

能和这群伙伴一起打拼是很幸运的事，大家提供不同思维，评估企业的发展并拟定方针，我认为这样的领袖组合能带给组织更多元的力量。

领导力是与生俱来的天赋，还是后天锻炼而来？

受邀到企业演讲，领导力是很受欢迎的话题，只要站在讲台上就能很清楚地看见听众的反应。

一谈起领导力，某些人眼底燃烧着渴望，神情专注，生怕漏听任何字眼而错失成长，这是一群对升迁感兴趣，斗志高昂，愿意自我挑战的员工。然而也有另一群人，用肢体语言默默地告诉我："这和我无关。"通常这是比较消极、不想变动、不喜欢承担责任的员工。

对领导力的追求与期盼，牵涉到成为领袖的意图。既然领导力是领袖必备的能力而且特质多样化，它到底来自先天，还是后天？不少人甚至担心："我到底有没有领导力？如果没有，再努力也是白费吧？"

来自天赋和锻炼，但看决心

不可否认，有人是天生的领袖，从小光芒耀眼。在幼儿园的自由活动时间，观察小朋友的游戏群聚，有时便会发现某个幼儿特别受欢迎，举手投足能吸引他人目光，或能较快拿定主意而成为“意见领袖”。在幼儿阶段几乎不曾接受训练，却显露出独特魅力，自然是与生俱来的天赋。

随着年龄增长，人与人之间的互动增加，例如每个班级需要干部，老师需要得力小帮手，于是被锻炼的机会出现了。只要给予时间和机会，绝大多数儿童都能在一次次练习与胜任过程中累积技巧与自信，培养出领导力。

从小学到大学，领袖训练营始终是最热门的项目，因为大家相信学习能强化领导力，例如口才训练、沟通技巧、肢体语言、建立自信、思维模式等，都能经由锻炼有效地提高。

与生俱来也好，后天锻炼也罢，只要你有意愿、有决心，人人都能具备领导力，都有机会成为领袖。从现在起，别再画地自限，别用一句“我没领导力”将自己摒弃于领袖之外。

请切记：只要你想，就有办法拥有领导力。

抗拒的执念，是阻碍成长的巨石

领导力也需要修炼和提升。我常被问：“怎样能快速成长？”通常我会告诉对方：“生命自有其步调，每个人成长速度不一。或许你该先想，为什么需要‘快速’成长？还有，你希望长成什么样子？”

尽管回答千奇百怪，我皆予以尊重，但会直接询问：

“什么是你最抗拒做的事？”其实只要光明磊落，不损人害己，去做往往就对了。

有人喜欢宅在家里，不乐意和人打交道，那就更该出门与人群接触；有人生活习惯不佳，房间乱到天怒人怨，频频与室友发生冲突，那就先养成打扫习惯；有人宁可开车旅行三天，也不愿下车走1000米，那么就应该每天去公园健走。总之，远离原有的舒适圈，跳入抗拒的旋涡，当初排斥的力道越大，现在就可以持续得越长久。

心理学家喜欢用“冰山理论”来解释意识与潜意识。露出水平面以上的属于意识层面，约占10%；隐藏在水平面以下的属于潜意识层面，约占90%。水平面代表我们的抗拒，当我们越能面对抗拒，水平面越下降，哪怕只多露出2%～3%，人的觉醒力和转换力也会增强许多。

有一次我去听李嘉诚演讲，有位听众提问："李爵士，您和一般人的区别是什么？"他回答："我和你没两样，只不过我的转移速度比你快。一个挫败，你可能要用五个星期来转换心情，我只需要五秒。"

若用冰山理论来比较，我想，李先生受困于冰山底下的"执念"，绝对远小于一般人，即便遇到挫折也能迅速转念放下，很快又迈步向前。想达到这种境界，我们需要面对自己的抗拒，放下心中执念。

何不反省看看，哪些是你冥顽固执的念头？这些念头究竟是保护你的巨石，还是禁锢你的阻碍？

职场上，有人抱着"必须应酬才可能升迁"的执念，专注于交际上，反而疏忽了本业。某天一旦发现"竟有人不靠应酬也能步步高升"，这时他很难有雅量去欣赏别人的成就，只会患得患失，认定对方必然循着不可告人的捷径窃取了成功。

坚持自己绝不可能错的人，生命里容不下别的可能性，他的剧本只允许一种演法，他的世界容不下缤纷多彩，这种人遑论成长，又怎有机会成为领袖？充其量只能在自己演绎的城堡里，做自己的国王。

成为领袖，其实是一种选择

2011年获评为“全球五十大商业思想领袖”的希娜·艾扬格（Sheena Iyengar）教授是研究“选择”的专家，更是国际知名的管理大师。艾扬格教授曾在TED的演讲中提到，她对超过2,000名美国人做过调查，发现每个人每天平均要做出70个选择。

一天做70个选择，一年就超过25,000个，70年就将近180万个，如此惊人的数字彰显了一个事实：人生每个当下都在做选择，只不过人们往往没有意识到。

回首人生的重要时刻，每个路口都有很多事等待被决定：上高中还是高职？要不要接受追求？就业还是读研究生？要从事研发还是去跑业务？要不要参与升迁竞争？买房还是租屋？要结婚生子吗？……眼下的状态是无数选择后的结果，是你的决定造就了现在的你。

领袖是一种角色，也是一种选择。与其担心自己有无领袖特质，不如深切考虑要不要成为领袖！

在能力与承诺之间，你是第几种人

领袖须具备能力，而能力是可被培养的，由此可知：人人有能力当领袖，愿不愿意成为领袖才是关键。当你愿意对自己、对团体、对社会负责，愿意有所承担，我将这称之为“承诺”。

能力的培养过程可能极为缓慢，从“没有”到“有”须投入时间，不过一旦培养就能具备。承诺的给予则操之在己，从“不愿意”到“愿意”只需几秒转念，但有时候耗尽一辈子也无法改变。

有没有能力、肯不肯承诺，这两者组成一场人生角力，通过我们不断做出的选择，成就不同的际遇。

有学员问过我：“没有能力和不肯承诺，哪一种比较惨？”我以爱因斯坦说过的话来回答：“这世界不会被作恶多端的人毁灭，而是那些冷眼旁观、保持缄默的人。”没有能力，想办法培养就行；不肯承诺，未必能改变心意。我认为这世界上有四种人：

第一种是有能力，肯承诺。这种人睿智、积极、甘心奉献，愿意兼济天下，堪为社会的领导者。可惜数量有限，顶多10%。

第二种是有能力，没承诺。这种人虽有一身好本领，充其量只愿独善其身，甚至可能滥用聪明来危害旁人，不愿做出贡献。这种人多达40%～50%，能否蜕变成第一种人，牵涉到整个社会的风气与秩序。

第三种是没能力，肯承诺。这种人或许先天才智平庸，或许后天失之栽培，以至于能力受限，但因有心向上，即使未能站上金字塔顶端，仍愿尽己之力去打拼。社会有责任帮助这种人去培养能力，因为他们是重要的安定力量，占30%～40%。

第四种是没能力，没承诺。这种人特别弱势，若不予以协助很难有生存空间，其比例不高，通常不超过5%。

我最关切也花最多时间去争取的对象是第二种人，其中部分的聪明人甚至用冷漠来破坏世界，打击愿意奋斗的人，他们的口头禅是："人何必活得那么累？轻松点不好吗？"在课堂上，我会倾注力量去唤醒这群人，引导他们改变思维。这种人的念头一旦改变，愿意给出承诺，马上就能跃升为第一种人，成为社会的主力军。

请想想，你是第几种人呢？

想成为领袖，不能只当问题发现者

我们这一行采用师徒制，师父相当于父亲角色，是最重要的人生导师。

还没成为导师之前，我在师父Jim Cook先生的公司里边做边学，犹如小徒弟必须当杂工熬一段岁月。

我的个性活泼，有疑惑就问，有意见就讲，从不怕丢脸，然而师父并非每次都愿意给我答案。有次向他反映："某某某怎么可以那样处理事情？"师父望着我，好一会儿才回答："知道了。如果你没打算跳进来帮我处理，就不要再提这件事了。"

我还想继续反驳，师父却制止："如果你只能点出问题，不过只是问题的发现者，和某某某又有何区别？下次发现问题，请带着答案来找我反映。"

后来我养成习惯，抱怨的同时会一并提出解决方案，师父省下安抚我情绪的时间，直接指点"解决方案还能如何改进""可加入哪些思考观点"，我觉得自己的状态变好了，格局也变大了。

成为导师后，我常把这个故事分享给学员，告诉大家："想成为领袖，就要培养解决问题的能力和习惯，光发现问题是不够的。"

他们为什么拒当领袖？

一个来上过课的年轻男孩因工作表现杰出，额外获得一笔奖金，他说是课程所带来的启发，坚持要请我吃饭。饭后闲聊，他说前阵子受到了震撼。

这男孩是出版界新兵，起步有点辛苦，幸好邻座前辈很友善，请教她都是有问必答。那位前辈姐姐经手的书叫好又叫座，不久前因原主编产后须专心育儿辞职，高层决定让那位出色的前辈接手主编职位。

“没想到前辈一口回绝了！她说不想承担太大责任，也不想管理别人。总编辑试图说服，她居然说：‘请不要勉强我，如果坚持这样做我宁可离职。’”男孩问，“老师，她为什么不肯当主编？人不是该力争上游吗？”

“一个人的蜜糖可能是另一个人的毒药，也许她真的厌恶管理岗位。”我告诉男孩，“每个人愿意承担的责任不一样，选择自然不同。你把升迁定义为‘力争上游’，她却未必这么想。”

凡事皆有代价，成为领导者亦然

拒当领袖的案例太多了，类似男孩的疑惑，我也被许多老板询问过：

“员工不是该为升迁挤破头吗?主管确实比较累，但待遇更好呀!”

“我说要从部门里提拔一个经理，居然大家都不感兴趣，这是怎么回事?”

课堂上有位做五金生意的老板一语道破众人心声：“年轻员工不想升迁的情形令我错愕，这完全不是我们那个年代的逻辑啊!”

凡事皆有代价，每个人心中的天平不同，老板开出同样条件，有人积极地争取，有人不屑地放弃。当领袖也须付出代价，在你决定承担后，随之而来的会是责任、压力、孤单，甚至受到质疑，这些都可能发生。于是有人解嘲：“人生何必活得那么累?”直接把“成为领导者”的选项删除。

绝大多数人活在他人的评价中，在意别人如何看待自己。事实上，没有一个人有办法讨所有人的欢心，也没有一个政策能满足所有民众，光顾着在意“别人怎么评价我”，肯定会失去自我。

每个团体都有诸多事项需要拍板，少了领袖就会成为一盘散沙，风一吹什么也不剩。既然无法让所有人满意，领袖只能遵循“百害取其轻，百利取其重”的原则，即使将来未必有机会为自己的决定做解释，仍得坚定心志并抱着雅量接受批评，这条路有时寂寞且沉重。

曾有年轻人问我，“老板打算升我为经理，我怀疑自己有没有能力和热忱，怎么办？”

我的回答是：“老板看到的你的能力，远多于你看到的自己的能力。你的确该犹豫，因为你根本不信任自己。建议你去思考阻碍你成为经理的障碍是什么？是怕吃苦？怕受同事排挤？还是怕做不好被开除？诚实一点吧，如果你觉得老板的提议不好，又怎会来找我谈呢？”

成为跟随者，同时也交出了决定权

你以为不当领导人就能以轻松姿态退居被领导的位置，从此享有安稳人生？别做梦了！

我在前面提过，人乐意扮演“受害者”的角色，好处是可轻易得到同情，无须负责就得到认同；其坏处是失去力量，没有控制权，把决定权交付他人。

领袖能看得见远方，并相信自己有能力、有价值去影响这世界。换言之，当你相信自己的能力，也愿意承担起责任，你就拥有成为领袖的决心；反之，则成为跟随者。领袖是带路人，跟随者是被带路的人，两者同行是同路人。

一群人去登山，决定继续前进或撤退的往往是领队，其他人虽可表示意见，但拍板的权力仍属于领队；作战时，将官是指挥者，士兵只能服从命令，不能有异议。工作亦如是。

领袖拥有宝贵的决定权，当领袖是成为自己主人的唯一方法，如果选择当跟随者，拥有的选择权相对变少，因为决定权已交至领袖手上。

我常思索："人生的目的是什么？"人生在世，来，孑然一身；去，什么也带不走。我想，人生的目的在于创造，把事情做对、做好，把成果留给下一代，这便是生命的意义。

不管是选择成为领袖还是跟随者，每个人都应该为自己的人生负责，活出自己的价值。

即使不当主管，只要活着就需要领导力

多数人认为只有在工作领域才会有领导力的问题，又或者认为只有在团队生活里才需要用到，也因此难免有人会想：

“我是SOHO族，单打独斗，不需要领导力。”

“我在工厂当工人，只须服从指令，领导力跟我无关。”

“我自认平凡，不喜欢和天才搅和，成为领袖不是我玩得起的游戏。”

在此我要郑重提醒：领导力适用于各行各业，成为领袖无须拘泥于工作环境或团体生活，因为只要有人就难免会有两个人以上的团体，自然需要有人主导，做决定，这个人就是领袖。

即便夫妻相处，也需要领袖

领袖并非只存在于工作、社会、国家，每个家庭，甚至夫

妻、手足之间也需要。既然如此，为什么这个领袖角色不是你？撇开职场竞争和社会责任，想想你亲爱的家人，你愿意成为另一半的领袖吗？你愿意成为兄弟姐妹的领袖吗？你愿意成为自己的领袖吗？只要愿意，你就有机会带领自己和家人，你不愿为他们奉献和承担责任吗？

我的老友常自嘲住在“女生宿舍”，老母、妻子及两个女儿都是他的宝贝，他很乐于当这群“女王”的长工兼车夫。老友非常有心，每年会规划一趟出境旅行、一趟岛内旅行，周末假期也会安排不同性质的出游或参观各种展演。张罗这些的辛苦他甘之如饴，不过比较难过的是，每次想与家人讨论，她们永远回答“随便”“都好”“没意见”，出发后却常会为了小小的不顺遂而闹脾气。

我的老友珍惜家人间的相处，希望缔造很多回忆，因此他越挫越勇，打算继续规划下去。

老友的弟弟则处于另一番状态。他和妻子是丁克族，婚前即约定每年一起休年假，结婚以来出境无数次，却玩得一点也不畅快，因为他们俩懒得规划又不愿沟通，永远以10万元台币为预算听任旅行社安排，尽管每年去的国家不同，但始终觉得意兴阑珊。

老友建议弟弟：“你们语言能力好，何不干脆自由行？”他的弟弟回答："开什么玩笑，谁来规划和带路？万一不好玩谁负责？"老友反问："你们现在不也觉得不好玩吗，难道旅行社负责了吗？"

夫妻是最亲密的生活拍档，也是最贴近的心灵伙伴，理想状态下，双方应平等且能互相扶持。来自不同成长环境的个体，本就各有专长和好恶，有时两人都拿不定主意，有时两人会意见相左，如何取得平衡是婚姻的智慧。

夫妻之间至少要有一位主导者，但绝不能无人愿意担当。最完美的状态是培养默契，根据某件事的特质，由擅长的一方主导，另一方跟随，领袖角色可轮流扮演。

小如柴米油盐，生活诸事都须拍板

身为一家人，即使是相处几十年的手足或亲子，也可能出现歧见，感叹彼此没默契，处不来。

曾有学员在分享时说起，她宁可独力完成父亲指派的工作，自行挑选为母亲祝寿的餐厅和菜品，也不希望和姐姐、妹妹们合作，因为大家各执己见却不愿担责任。她说："出张嘴很容易，需要拍板做主，承担好坏，大家就逃跑了。"眼看母亲大寿即将到来，她提议的餐厅全被姐姐否决，妹妹又不满大姐的意见。她把这情况告诉了父亲，请示如何处理。

老爸爸将三个女儿叫到跟前："你们三个加起来都100岁了，连决定一家餐厅都办不好，妈妈若知道了一定很难过。这样吧，我来做决定，老妈喜欢上海菜，你们三人明天各提议一家餐厅，交出菜单和价格由我来选，选中谁的提议就由谁出面订餐厅，三姐妹平分餐费。有意见的人现在就开口，由她全权处理，如何？"

幸好老爸爸当机立断，出面解决问题。学员说："不然我母亲的60大寿，还得在餐厅门口等座。"

即使是小家庭，仍有涉及柴米油盐的大小事等待拍板，这时领导力是解决这些问题的最佳应变力，这和你是不是SOHO族、当不当主管没有关系。每个人总有家人要相处，有生活要面对，具备领导力等于增强了生存力。

好的领袖一定是好的跟随者

曾有人以“由俭入奢易，由奢入俭难”的论点提出疑虑，认为当领袖会变成一种习惯，万一哪天卸下领导权，很可能不甘寂寞，或与周遭格格不入，无法回归基层被人领导。他问道:“卸任的领袖，会不会成为团体的混乱根源?”

我很肯定地回答:“不会！拥有领导权和交出领导权，并不像奢侈与节俭的对抗关系，反而比较像老师和学生的角色置换。”

好老师也可以是好学生，纵然成为老师，却从未遗失学习的本心。转变为学生角色所牵涉的是态度问题，只要愿意放下身段，谦卑学习，当学生也能获得愉快。

然而，反过来说，好学生却未必可以成为好老师，因为这不仅是态度问题，还涉及是否具备能力，毕竟“让别人也好”要比“只求自己好”困难多了。如果心有余而力不足，可能担不起为人师表的重大责任。

我敢坚定地说，好的领袖一定是好的跟随者，甚至在他居于领导位置时，也能接纳跟随者的意见，从善如流。

领袖是带路人，陪伴着跟随者同行

这个有趣的世界充满了循环，我们一路在带领，也一路在跟随。

人人都有追随的领袖，我也不例外。即便在课程里是讲师，已居领袖位置，我依然是个跟随者——师父永远是我的领袖，陪着我一路成长。我还当过很多人的跟随者，对这些曾引领我走过一段路、陪伴我成长的领袖，我心怀感激。我22岁时，公司的经理Beth是个老外。我每天搭公交车上下班，当大家下课之后，我还得准备教材，回到家时都已经是深夜了。有一天刚到家，马上接到Beth来电，她在电话那头大叫："Chris，你知不知道白板纸有一页是皱的？"她要求我立刻赶回办公室更换。于是我深夜2点搭车回公司，一路上委屈得直掉泪，我不懂：只是一张纸她为什么不肯自己换？又为什么不让我明天再换？

走进公司，我看见这位经理坐在教室里等我，心平气和地看我更换白板纸。忽然间我明白了：她不是在整我而是在教导我做事要力求完美，并为自己所做的事负责到底。

我打从心底感谢这位经理，在当下她是我的领袖，带领同行的我迈向卓越。我很感激她的指教，在我后来创业时还特地邀请她来担任导师，直到现在我们仍是好伙伴，情谊比当年更深。

勇敢挑战，别怕失败，最坏也只是失败

团体不会一成不变，有时内部领导人会变动，有时会和其他团体合并，发生领导者变动的情形。

有些领袖愿意放下执念去追随别人，这在我眼中是很恢宏的气度，因为他胸中有丘壑，愿意放下一个点（小我）去成全一个面（大我）。比起个人的胜利与成就，“大局”是领袖更在意的事，之所以放下执念，是服膺于更远大的愿景，而非为一己之利投降。

“每个人都可以当领袖”“每个人都要当领袖”，这是两种截然不同的性质。

我曾有个出色的助手，他扮演助教角色，帮我带着学员研讨，口碑和成效都很不错。我觉得他经验足够了，便让他独立带学员，没想到招来许多埋怨，完全出乎我的意料。

这促使我思考：这位助手的表现并无差别，为何有截然不同的结果？后来我想通了，当他担任助手，上头有我这位导师，即便我忙碌到少有时间参与，简直有如虚拟人物，但学员们依旧认定我是导师，把他当成助教，认为他能帮助大家更有效地吸收所学，所以愿意配合他、包容他。等我不在其位，学员们直接追随他，把他当成讲师时，期望值于是改变，大家会很实际地问："跟随你，我能得到什么？"

这位助手沮丧地告诉我："我大概永远只能跟在你身旁，我的能力只够当老二。"我告诉他才不是这样。任何人在强大的过程里，会不断被拿来和老大做比较，你无法改变他人的想法，但可以提升自己的领导力："你可以选择一直当老二，也可以选择一步步变成老大。"我很高兴他够勇敢够努力，如今他已成为很棒的讲师。

师父曾告诉我："不要放弃机会，更不要害怕失败。失败不会怎样，最糟也就是失败罢了。"

我最推崇的领袖风范

无论哪个类型的领袖，都拥有一个特质，就是不被自己的成就禁锢，勇于否定自己，重新来过。

通常一般人会舍不得放弃前面的美好，只愿意稍做修改。有时，正是这份舍不得，阻断登上高峰的机会。当你只有零分，根本无须害怕失败，因为再怎么不济，最坏还是零分。等到好不容易累积了20分，想推翻自己便很难，总是担心万一失败会被打回原形，岂不连20分都没了？

请切记，你现在拥有的，很可能是你的包袱，如果坚持背着它、抱着它，就不可能走得远。

对未知没有恐惧的乔布斯

我最推崇的领袖是史蒂夫·乔布斯，他是那种无论手上有几分，都敢大胆重开新局的英雄。人非圣贤，他当然有很多缺点，但我很乐意分享自己眼中的乔布斯，说说他的不简单之处。

乔布斯创办了苹果公司，又被赶出苹果公司，离开后创办了NeXT和皮克斯，之后苹果买下NeXT，于是他重回苹果。被苹果炒鱿鱼时，他觉得自己是众所皆知的失败者而一度想离开硅谷，幸好他忠于自己的喜好，决定从头来过。

不恐惧从零开始的特质，让他不断创造奇迹，让苹果公司不断推陈出新，也正因他对未来不设限，吸引一大群跟随者，设计出影响全球的产品。

乔布斯的离世是苹果公司莫大的损失，短短时间里，这家公司从“创造魅力产品让消费者爱上”变成“创造消费者所爱的产品”，我觉得这两者有很大的不同。

再者，乔布斯对死亡的超脱态度也令我敬佩。他受邀去斯坦福大学的毕业典礼演讲时曾说：“提醒自己快死了是自己做重大抉择时的至要工具，因为面对死亡时，诸如他人的期望、荣誉、恐惧、失败等都消失了，只有真正重要的东西会留下。”

乔布斯在演讲中说了这么一段话，完全打动我心：“死亡可能是生命里最棒的发明，它是生命更迭的媒介。……人生苦短，别浪费时间活在他人的阴影下，不要被教条困住而活在他人的思考中，不要让他人的杂音淹没你的心声，最重要的是，要有勇气去遵从自己的内心与直觉。”

生命有极限，不怕死亡就会活在每个当下；不必畏惧失败，因为生命终结之日什么也带不走，没有什么好失去的。人们对死亡的恐惧不在于如何死、会不会死，而在于不知死亡之后会发生什么，这份未知才是人们最恐惧的。

我欣赏乔布斯不抗拒死亡、不恐惧未知的智慧与自在，多希望自己也能如他一般勇敢与豁达，成为像他一样睿智的领导者。

要让人尊重我，而不是尊重头衔

回忆年轻时代，我有很多幼稚的故事可以分享。从幼稚到长大的路上，有很多人值得我感激。

29岁那年，我决定和两位亲如手足的大姐去闯荡事业，我的离职令师父很伤心，问题在于他不想前往中国开拓市场，但我认为中国需要自我提升的课程，因此毅然决然地离开。

打从24岁开始成为导师以来，我赢得了良好的口碑，在众人的吹捧下一度变得骄傲自满。离职时，我以为会有许多人追随我，事实却不然，我一度觉得自己是受害者，那些不跟我走的都不是朋友。

一年后，我和两位大姐终止了合作。冷静回想这段历程，才发现自己非常幼稚，也终于理解别人的尊重，并非因为我是我，只不过是因为我的头衔。没有了头衔，我什么都不是。

30岁时，我到另一家公司当导师，九个月后，公司赚了钱却因财务问题而倒闭，33名员工同时失业。身为高层的我和另两位同事决定创业，并将其余30人聘回，从此展开创业旅程。2000年我来台湾，2004年开办愿景，一路走来告诉自己：要让别人尊重我，而不是尊重我的头衔。

有领袖可追随是幸福的，但人总有必须独立的时候，为自己负责。从那一刻起，能指引我们的就只是“本心”，也因此诚实对待自己是最好的习惯。

或许，你可以这么想：

人人可以成为领袖，领导力也可以培养。

领袖既是角色，也是选择，全看你愿不愿意承担。

别以为只有职场需要领袖，领导力非常生活化，存在于各个层面。

如果人人都愿意成为领袖，这世界会不断被推动，并且人将活得更积极。

人际关系是成功的必要条件吗?

"要成功，人是最重要的元素！"

"人和人之间可以选择逃避，

也可以选择直面，答案在你手上。"

尽管人际关系充满风险与挑战，

但还是当个快乐的冒险王吧！

人际关系就是一部冒险史！

如果允许为自己的人生写剧本，谁不希望生来英明睿智，拥有众人的尊敬与爱戴？期盼单打独斗，不用亲友和支持者，这种人恐怕是少之又少。想要受人关怀、喜爱、重视、鼓舞和景仰，这是人类生来就有的愿望。

早在远古洪荒时代，老祖先便发现一群人集聚着狩猎，最能抵挡猛兽攻击，也是最安全的生活形态，于是逐渐发展成群居的社会化动物。

人与人之间既然有合作往来，自然免不了争执与冲突，人际关系从来不是一部简单和谐的童话，而是充满挑战的冒险史。请无须扼腕，我们的老祖先不都是这样走过来的吗？

别怕冒险，那不会比空洞人生更糟

还记得电影《泰坦尼克号》里杰克那句经典台词“I'm the

king of the world！”吗？小时候的我正是这么想的。我看自己就是个大大的原点，向外射出几条线，连接到父母、妹妹们以及少数亲戚、邻居。求学后，连线变得繁密多了，增加了师长、同学还有特别要好的朋友，其中有些令我特别在意的连接，会在心中标注成红色。

在小男孩的世界里，“我”就是世界的中心，每条线对应着一段单纯的关系，彼此处得来就开心交往，处不好就把双手食指相接，然后童言童语说着“切八段”，要对方用手切开来表示双方绝交。有什么不开心的事，顶多踢场球、吃根冰棒就忘了。

随着年龄增长，“我”仍位居中心点，但世界变大也变得复杂，光看“点”与“线”已不足以理解整个“面”。当我被岁月追着成长，原本单纯的人际关系悄悄发展成麻密交错的网络，自身以外的点与点、线与线各自滋生关联，有的甚至出现纠葛，影响你与两端的关系。

人际关系网络的复杂度远超过下棋，只不过真实的战场不在棋盘上而在人生里。在现实生活当中，你无法规定“马走日”“象走田”“小卒过河不回还”，况且你的一兵一卒随时可能翻脸往回走，冲击你的计划，干扰你的步调，破坏整场大局，人际关系的变量在考验着我们的应变能力。

有人在人际关系上吃过亏，“一朝被蛇咬，十年怕井绳。”干脆独来独往，觉得这样最能保护自己，认为凡事都靠自己就不必被他人拖累。我觉得这想法未免太偏激，当“独行侠”固然有其乐趣，但生命中欠缺与他人互动，未尝不是另一种遗憾，那些欢乐、惊喜、感动、难过、伤害、安慰、疗愈……都一并消失了。或许少了痛楚，却也失去体验的机会，这样真的比较好吗？生命是上苍赐予的礼物，不正是要我们从各种体验中去认识和珍惜自己，并把爱与温暖奉献出去吗？

相比之下，我宁愿认真发展每一段不知结果的人际关系，就算充满风险与挑战，我也要当快乐的冒险王，而非守着空洞的人生。

人际关系好坏，属于成就的一部分

我所从事的工作，是帮助他人觉醒自我，传授提升领导力的课程，我相信“天生我材必有用”，每个人的内在藏着比重不同的能量，循着源头向上找，定能开发出属于自己的光彩。因此我把广州公司取名为“溯源”，时时提醒自己，“我从何而来”“我是谁”“根在哪里”，把“真正的活是知道自己的价值”的观念传递下去。

我经常听到年轻人振振有词：“人际关系根本不重要，出社会是来做事不是来做人的，我靠的是实力！”我不禁哑然失笑：“小朋友，每个人生下来都是先学做人才学做事的！人际关系是做人的一部分，对做事也有影响，你怎能说人际关系不重要呢？”

人际关系就像你的性格、健康和才能，都是个人成就的一部分。怎样的人际关系算好？该怎么考量？每当我这么问，学员最常给的答案排行榜是：“有几个知心好友”“登高一呼随时有人陪”“能临时找到帮手”“能顺利借到钱”“结婚可以收到很多礼金”“将来过世有人来参加公祭”……看得出来，大家认为人际关系的真谛在于互动，至于互动在哪方面，那就见仁见智了。

胡适先生有句名言：“做学问要于不疑处有疑，待人要于有疑处不疑。”这话给我极大的安定力量。年轻时我会胡思乱想：“某某人值得信任吗？”“他将来会背弃我吗？”“我们的合作能长久吗？”胡先生的智慧之语帮助我走出了猜疑的泥淖，用清澄的心全情投入，去发展每一段人际关系，结果是收获满满，得到的远多于失去的。

生命里会出现很多过客，来去之间未必都美好，也许带点伤怀、错愕或愤恨，但这些短篇故事一起丰富了我们的人生长篇。过度自我保护，害怕受伤，反而把能结为知己的朋友拒于门外，那才是最大的可惜。

为何宁可宅在家，也不肯出门交朋友？

网络发达之后，很多事都不必出门办理，只须在计算机前敲一敲键盘就能搞定，像是购物、订餐、交友、租屋、送花、注册、转账、纳税、申请凭证等都是如此。前几年我才晓得，原来很多庙宇已接受信众在网络上扫墓祭祖，点光明灯！

有次搭机去英国，邻座阿姨从香港飞去伦敦探视儿子，老人家相当亲切，频频问我："孩子多大啦？""你爸妈有几个孙子？"说说笑笑让时间过得挺快。

后来说起自己的独生子，老人家不禁叹气："我儿子有四个老婆，全养在计算机里！整天打游戏也不出门谈个对象。"我一时语塞，不知如何回应。老人家笑着说："我老头倒想得很开，说咱俩都别节省了，好好享受晚年，将来留点田产给这兔崽子就好。你去告诉儿子，田产我也都留在计算机里了！"

“知道就够”，扼杀许多互动机会

科技发展到一定程度，便利性大到让人相信，只要宅在家里即可与世界互动。通过视频能看到影像，听到声音，却无法握手、拥抱和亲吻。不出门赴约、专程探视，人与人之间的互动真的不会变质吗？

随着网络的发达，看书报杂志的人减少许多，即使明知电子书和报纸杂志、书籍“不尽相同”，多数人却不在乎，因为他们觉得“知道就够”，不太介意精准度。“知道就够”的观念，扼杀了人与人之间的互动机会，也令大家忘记了“知易行难”的道理。

职场里，常有同事座位背对背或左右紧邻，偏偏不肯转头讲话，宁可用通信软件联系；主管也懒得走到下属身旁，明明当面三分钟能问清楚的事，却要花半小时开视频会议处理，简直本末倒置。

我常和同事一起吃饭，有感于大家拼命滑手机或拍照上传，忽视聊天交流的机会，又不专心品尝食物的好滋味，所以立下约定：吃饭不准拿出手机，谁先拿，谁买单。我的想法很简单：面对热腾腾的饭菜就该大快朵颐，为了拍照导致菜冷羹残，岂不辜负厨师手艺？对于齐聚一堂的人都不愿好好彼此交流，只顾着拍照上传，这种心态合理吗？

我对“互动”的见解很保守，光有业务联系还不够，更要有心、有温度。计算机让“知”的门槛降低了，但这是不够的，我们更得用“行”来弥补这份缺憾。

傻瓜才用网络好友多少衡量人际关系

想想自己，看看周遭的人，有没有下列这些情形呢？有人放假不出门访友，宁可宅在家里，在交友网站和陌生人闲聊；有人一下班就飞奔回家，上网组团打怪，四处夺宝；有人从不仔细看儿女的联络簿，却勤于上网替孩子采购高级玩具；有人只要自己在社交软件贴文，就还要线上通知朋友赶紧去看。

每当见到这类行为，我的想象力就不受控制，觉得外星人利用计算机把一大群人绑架了，让他们用一半的气力活在现实世界，用另一半的精神活在网络世界。如果某天把选择权交给这群人，只可在两个世界里择一而活，他们会如何抉择呢？

我知道很多学童、青少年很在意“好友数”，尤其玩网络游戏时，牵涉到多少人能送宝物，帮忙浇水灌溉。为了壮大游戏的实力，交友圈会各自串联，有些人的好友数动辄数千，但根本不认得谁是谁。

孩子们年纪小，为玩游戏而滥加好友，虽不理想但能理解，那么大人呢？我们的动机又是什么？

我因为担任讲师，历任学员常要求加入好友，甚至通过社交软件请教问题，我的好友数虽逼近两千，但很清楚谁是谁，否则不会随意添加。

我想提醒大家一件事，网络交友看似简单，其实不足以代表人际关系。宅在网络世界里，受挫的机会虽然低，但虚拟世界里大家交浅言深，真心难寻，有人会为了人气说着违心之论，有人一言不合就下线，随便换个账密又是一条英雄好汉。

我曾鼓励儿子，与其在社交软件上祝福老师教师节快乐，不如写张卡片，打通电话，亲自告诉老师你现在过得如何，为他之前的教导表达谢意，这些原始的、传统的行为，还是很具意义的。

我对社交软件没有成见，也很爱用，这是设计充满美意的好东西，问题的症结不在软件，而在于使用者的心态。我太太用它记录人生，我用它推展工作，我们都用得很愉快，丝毫不会将它变成人际关系的障碍。

如果你自认为很宅而且乐在其中，我尊重你的选择，只不过想提醒你，别把自己“铸”在计算机前，何不每周挑战一下，趁好天气去公园逛几圈，亲自进卖场采购一次，出门看场展览或电影，打通电话给远方的长辈，约老友或前同事吃顿饭……等你回到家时，计算机世界依旧等着你，不会消失的。

想掌控对方?
人际关系就是这样搞砸的

要做个讨人厌的家伙，一点都不难，以下三个领域是人际关系的地雷区。不想搞砸好人缘，你得小心禁区!

小心！人际关系地雷区

第一个地雷区是“抱持高期望值”。我们很难放下对某人的期望，除非真正死心了，不过还是可以做些微调，把对他人的期望值降低点，把给予的承诺提高些。所谓期望是脑子想出来的产物，常常是“你觉得他应该做的事”，然而你并不是他，你的“觉得”和“应该”可能不在他的选项之中，谁也没资格把自己的期望强加给他人。如果实在放不下这份期待，那么至少提出来沟通吧。

第二个地雷区是“觉得不被了解”。在心灵分享课程里，常有女学员哭哭啼啼地反映："爸妈根本不懂我！"或是："男友不了解我！"即使对方委屈得眼泪直流，我还是残忍地摇醒她："你是谁？凭什么要人懂你，了解你？你是世界的核心吗？"

曾有学员反驳："我是爸妈的女儿、男友的情人，他们爱我就应该努力懂我，了解我！"我反问："可是你花过心思引导他们来懂你，了解你吗？"我给予的建议是："不要再自怨自艾了，要人明白你之前，你得先提供那样的机会。"尤其是青少年，凡事不肯告诉家长，宁可告诉陌生网友，届时又回头埋怨父母不关心，这种不合理的行为正是破坏亲子关系的杀手。

第三个地雷区是"想要掌控对方"。人是想改变又怕改变的动物，"变"会带来不确定因子，使人产生无法掌控的危机感，然而人际关系之间，控制并非唯一的出路。我曾在课堂上调查："来上成长课程之前，曾经被人阻止过的，请举手！"结果超过半数的人都举手了。原因无他，反对者担心身旁的人如果改变，可能无法控制而导致彼此的关系横生变量。

让对方做他想做的事，才是最佳出路

既然人际关系是一种冒险，大家也都不想冒险，惯用的手法就是禁止对方、控制对方去做想做的事。

很多师父、师兄不愿把看家本事完全传授给后辈，正是因为害怕对方万一学得比自己专精，决定脱离师门出去创业，届时岂不断了自己的生路？所以常见到师父、师兄“藏步数”，本领只传授一半，借以控制小徒弟或小师弟的去留。

我认为这是目光短浅的行为。在训练学员、引导他们成为讲师的路上，我知无不言，倾囊相授，认为当他们和我一样棒的时候，才有办法接手我正在做的事，而我才有时间和精力去做其他想做的事。换言之，学员的进步是我走得更远的动力。

人际关系可以转移，且绝不会因为这份转移，把自己的能量给消耗殆尽。爱因斯坦曾说过：“我给你一个硬币，你的财富增加，我的财富减少；但我如果给你一个想法，你有了新想法，我却不会有任何损失。”这段话值得所有为人师表、居高位者指点下属，时时奉为圭臬。

很多家长以为把孩子管得越凶，就越不会变坏；很多老板以为把员工管得越严，就越不会摸鱼；很多妻子以为把丈夫管得越紧，就越不会出轨。事实上，通过控制所得到的人际关系，其代价往往是失去，无论是孩子、员工还是丈夫，在忍受不了之际都会离开，这是无可避免的现象。

无论你控制与否，他都会去做自己想做之事，否则就不快乐。与其这样，控制绝非最佳选择，最好的出路是让他去做想做的事，你们的关系才有机会取得新的平衡点。

你觉得自己是鸡群里的鹤吗?

每当公司有新人前来应聘，我定会详细询问其前几份工作的离职原因。

我很不喜欢听到“怀才不遇”“有志难伸”这种理由，事实上，我才不信天底下有老板不爱人才。这些说法反倒令我怀疑:“你真的是人才吗？若是怎么从不表现出来，以至于老板根本不知道呢？”

所谓“表现”，简而言之就是“活出来”。我相信人才绝对藏不住，因为腹有诗书气自华，才情会自然流露，智慧会散发光芒，除非刻意隐瞒，否则一朝蛟龙得云雨，终非池中之物。

人生最低参与程度，是百分之百

师父曾告诫我:“人生的最低参与程度是百分之百，低于百分之百只算求存。”在此分享一段师父给我的启发。

21岁的我在一家公司担任业务专员，业绩不错，于是表现得自视甚高，骨子里却为没上大学而自卑。因缘际会，我报名参加三阶段成长课程，想探索自己、引发蜕变以及培养领袖特质。课程结束后，我获欣赏加入了培训的工作团队。能受人赏识，我当然很欣慰，兴致勃勃地跳槽，进入新公司当基层专员。

然而，整整两年，师父只派我做两件事：排教室椅子以及拿剪刀把地毯的毛球剪掉。我委屈地问："为什么只让我做这两件事？"他回问："你做得够好吗？"我诚实回答"不知道"，于是他要我继续加油。

两年过去了，我每天工作超过15小时，自认卖力，便去敲他的门，告诉他理当为我加薪。没想到师父用脏话骂我："You're fucking fired！"言下之意："你这蠢蛋，用15小时做这些事，毫无效率可言还浪费了空调费！"挨骂后，我痛定思痛，决定一雪前耻，我要学习有效地利用时间，适时找人协助。

隔年，每天我只花四小时就把当天工作完成，师父几度发现常有一群人蹲着陪我剪地毯的毛球，便告诉我："既然有空多做点事，去管财务吧！"我说不会却被吐槽："不会就学呀，学费我付。如果你能减少公司开销，让营利提升30%，我就给你加薪5000港币。”

接下来半年，我每个月荷包多出一大笔奖金；再过半年后我又无所事事，因为财务我也都摸熟了。这回师父说：“开始学当导师吧！”他亲自训练我，每个环节都不放松，他的教诲成就了我不一样的人生。

回想起这段过程，我曾抗议无效，也曾要求加薪遭拒，被骂得狗血淋头却没逃跑，从不计较工作量是否合理，总之就是百分之百投入。我很庆幸当时的隐忍，否则哪能盼来后续的机会呢？

石头若无法割舍多余之物，难以成玉

在我快成为导师之际，师父突然下达一项诡异的指令：“Chris，从今天起，一个月不准洗头，不准刷牙，顶多只能擦澡和漱口。”我一听马上抗议，师父根本不理睬，冷冷扔下一句：“我等着看你能否做得到！”

师命难违，纵然万般不情愿，也只好痛苦忍耐。那段时间，我不敢照镜子，搭车也尽量避开别人，担心自己又脏又臭惹人嫌。每晚擦澡恨不得搓掉一层皮，一边嘀咕：“为何这样整我？”

两周左右，我的不自在渐趋和缓，我常找机会用茶水漱口，设法把头发拨整齐，擦澡能慢慢感受干净毛巾擦过皮肤的舒适，最初的痛苦仿佛远离了。我这才明白，师父在教导我什么：

- 我可以有形象，但不要让形象控制我。
- 我可以有自我，但不要让自我控制我。
- 我可以有情绪，但不要让情绪控制我。

摆脱了形象、自我和情绪的禁锢，我是纯粹的真我，这才是真自在。

玉如果不被打磨，永远是石头；石头要成为玉之前，必须先把多余的成分去除。人也一样，师父给我的“诡异指令”，正是帮我把多余之物去除掉，挖掘出真我。

如果你觉得自己鹤立鸡群，那么身上一定还背着放不下的东西，何不问问自己：“是什么阻碍着你？什么是你不愿放手的执念？”抛不开多余之物，玉只配当颗顽石；如果放不下执念，鹤又何尝比鸡高明呢？虽然腿长，却不会啼鸣报晓，鸡舍主人还未必看得上你呢！何况高度是比较而来的，鹤自认比鸡高挑，但往象群里一站，还被嫌矮小呢！

有时梦想未必能立即找到舞台。想变成狮子的狗，无论再怎么假装，都不可能如愿；反之，明明是狮子，不识货的人硬称它为狗，依然无损于它是狮子的事实。所以请先确认自己的本质，若真是鹤，纵然眼前的时间、空间不允许你发挥，别放弃自己，认真去学习和培养吧！一旦属于鹤的时间、空间到来之时，你随时可以振翅高飞。

社会新人如何启动人际关系网？

遇上初出茅庐的社会新人，我喜欢问："你有多少朋友？"多数年轻人会回答："不多，但有要好的。"只有极少数会回答："我没有朋友！"每当听到这种"孤独宣言"，当下我会质疑："怎么会有人没朋友？你是独居在山洞里的原始人吗？"

"没朋友"是个十足恶劣的借口，这是不存在的事，之所以刻意这么说，只是代表想用它来规避责任，不愿与人往来，也不想经营关系。回想一下，当你发高烧请病假，难道没同学会转达今天有哪些功课？体育课忘记带球鞋，难道完全借不到，只能穿皮鞋到操场跑步？忘了带钱包出门，难道中午果真只能饿肚子？如果有人帮过你，你凭什么说自己没朋友？！

中国人说"在家靠父母，出外靠朋友"，所传达的都是人际关系：父母会主动关怀你，朋友会在外支持你。换言之，你所收到的关心与协助都来自真挚的情感，所以请别再说"没朋友”这种话了！

声称没有人际关系，其实是在逃避

新人想要拒绝一些新任务时，很习惯说：“这我不会，做不来！”“我没人际关系，欠缺资源！”借此把责任向外推卸。

要成功，人是最重要的元素。你喜欢别人帮助你吗？你相信接受他人帮助是付出的一种吗？如果有人乐意帮你，你会因为接受帮助而尴尬吗？这些都是你该扪心自问的。

我曾和志愿工作者伙伴带着物资到偏远地区探视贫困儿童，多数孩子看见我们会蜂拥而至，高兴地收下礼物并礼貌道谢。有一回，我发现有个小男孩躲在墙边，我邀他过来为自己选一样实用的礼物。

他冷冷看着我：“你觉得我们一样吗？”

我反问：“你觉得我们不一样吗？”

“虽然你有能力给，但我不想当乞丐。”

“如果某天你有能力给，却被拒绝会是什么感受？”

“难过吧！”

“是啊，我也会。我只是想帮忙，让你们过得好一点，不需要你记得我，当某一天你有能力帮助其他人就去做。你说，这样不是很棒吗？”

男孩沉默很久，说：“地震发生时，我父亲过世了，家里连为他安葬的钱都没有，母亲到处求人却没人理会，我想别人的帮忙一定都有目的。”

我告诉他：“没人可以小看你，只有你自己。有人真心帮你，你就真心接受，将来再真心去帮助别人就好。人和人之间的关系，你可以选择逃避，也可以选择正视，答案在你手上。”

最后，男孩拿了双干净的球鞋，道声谢后便默默离开。看着他的身影，我能感受到一股新的力量，相信有一天这孩子会有能力帮助别人的。

加油！人际网络从付出和诚实开始

香港人说“保住不输”，其实是没有全力以赴地求胜，这种行为丝毫不值得称许。职场上有人把“我只配合，没有参加”挂在嘴边，或是团体里“有能力、不肯承诺”的人，都是持这种观点的人。一心只想“保住不输”的人，无论最后结局如何，我都得说：“他没有赢！”

当你全力以赴，用百分之百的力气去做，可能成功也可能无法完成使命。奇妙的是，在你用尽全力之际，自然会有人来帮你；如果你没百分之百努力，等得再久也不会有人前来帮忙。

人际关系是一张实时网络，以“付出”为起点，上天自会安排人靠过来，给你意见或助你一臂之力，古有明训“天助自助者”，正是这个道理。

人生充满起伏，没有哪条道路完全是上坡或下坡，我们一生免不了在许多地方绕圈圈，与重复的、类似的人和事物纠缠难解。拥有丰富的人际关系，就有足够多的好友可以支援，便有希望缩短绕圈圈的时间，很快找到新方向。

付出时，请切记真诚是人际关系里最重要的元素，它能帮助我们将人际关系网络发展得更健全、更坚固。真诚代表着真心、诚信与勤恳，作为一个新人，即便交友技巧生疏、应对谈吐不熟练，也别担心！真诚是你最好的资本，足以弥补一切。

此外，对自己诚实也是最好的起点。莎士比亚说过：“你若对自己诚实，日积月累，就无法对别人不忠了。”本着这个原则，相信用不了多久，社会新人也能拓展人际关系网，拥有自己的资源。

该把经营人际关系的方法用在家人身上吗?

许多人注重隐私，坚持把工作和生活区分清楚，绝不把同事带回家做客，也不让家人参与自己工作领域的活动。这是个人选择，无可厚非，但有人从这点延伸，认为“经营人际关系”属于工作范畴，在家人、亲友身上没有必要。

“经营”这个词，或许带给人刻意的观感和目的性，因此，有人主张自家人不必来这些客套礼数。其实经营只是一个概念，就是用心、上心，把人际关系当成重要的事看待。

不管对同事还是家人，我都习惯用同一套标准去表现，也就是说，我对待双方的出发点是一样的，即使角色不同、做法不同，但我的处世原则始终如一。我习惯这样对待工作领域和私人领域，感觉简单多了。

只要原则靠拢，技巧和习惯又何必拘泥

菲律宾是个岛国，从飞机上鸟瞰，海面上有一个个独立的岛屿，这些看似不相连的岛屿共同构成了菲律宾这个国家，然而在其水平面下，岛屿之间其实相互连接着。这道理和人一样，“金钱”“人际关系”“家庭”“工作”“爱情”“健康”……每项看似独立却共同组成了“我”。每个项目在台面下都互相联系、牵扯很深，这份联系让我们有了根本，任何范畴里的所作所为，只要原则不违背本心、本性，就没有分裂之虞。

有公司经营者问起：“我的工作很忙碌，为了让员工保持正经，我都不假辞色，表现得高高在上，然而真实的我并非如此，这样算虚伪吗？”我告诉对方：“别对自己太苛责，你用理智判断过，用不假辞色来扮演‘老板’这角色效果最好。再说不假辞色并不等于刻薄或狡诈，只要没违背你的善良本性，又何必自责呢？但如果你觉得这么做很痛苦，觉得那不是自己，我建议只抓原则，用技巧和规定让员工理解‘对工作严肃以对’的必要性。随后，你是否表现得不假辞色，反倒没那么重要了。”

只要把握好原则，技巧和习惯随时可弹性调整，没必要太

在意细节。用上真心，即便同时在工作领域和私人领域经营人际关系，又何妨呢?

我们总在拷贝父母和亲友间的关系

当你忙着煮饭、做事，可曾注意过自己的小孩在做什么吗?以前我总觉得，我忙工作，孩子忙游戏，我们待在同一空间里，气氛融洽就够了。有一回偶然发现，儿子边玩耍边偷瞄我，这才警觉到:“原来孩子经常在观察父母!”

我们都是这样长大的，在父母身旁看着他们工作与生活，接受他们的情感示范，模仿他们的价值观，不知不觉中，父母对亲友的温度与态度，我们照单全收了。

比方说，我的老外朋友都很热爱拥抱，他们从小和亲人、同学都这样相处，已经习惯了，但东方人相对少了许多肢体接触;又如我的父母，他们与亲戚保持客气疏离，没事很少联系，却很在乎彼此的观感。

我和两个妹妹的感情都很不错，却始终不会很“黏”，如果妹妹需要援助，只要她们开口我一定不会拒绝;如果发现我需要人手，她们也会二话不说，马上卷起袖子来帮忙。这或许受到父母的影响吧!我们家人在联系上都处于被动，有事才会全员动起来，没事很少寒暄，也不会殷勤地往对方家里跑。

此外，有个表妹为人可爱，从小就哥哥长、哥哥短，会主动找我求助，也会把开心的事和我分享，因为她的热情和主动，我们往来的频率甚至远高于亲妹妹。

有一次大妹来我公司报名上课，当我知道这件事时相当震惊，问她为何想来上课，她的回答更令我意外："哥，我想知道你在做什么！很希望我们也能像你和表妹一样热络！"

妹妹的话像一颗炸弹，把我彻底给震醒了，这才明了自己在家人经营这方面做得太少。如果问我："你觉得该把经营人际关系的那一套用在家人身上吗？"我的回答会是："当然要！我还后悔用得太少了！"现在，我也像经营朋友、同事那样，积极地经营我和家人的感情，说真的，感觉相当不错呢！

感谢贵人，以及成为他人的贵人

中国人喜欢占卜吉凶，或多或少都有算命的经验，不少人应该听算命师说过："你的命很不错，常有贵人相助！"这个说法很能安定人心。人生关卡何其多，如果常有贵人相助，自然容易逢凶化吉，否极泰来。

不少学员问我："老师，怎样才能找到贵人？"我的回答是："贵人不必找，他会自己来。倒是该打开雷达，搜索看看周遭有没有人需要你的帮助，要设法成为他人的贵人！"

贵人不必找，你努力，他就自己来

花开了，蝴蝶自然来，花从不去找蝴蝶。贵人就像蝴蝶会自己来，但你用什么吸引贵人呢？

许多人大概有过这种经验。看见上进的年轻人，忽然很想给机会，让他学习提升自己；看见认真的小男孩在练球，忍不住想指点，让他球技更进步；看见不卑不亢、态度和善的小贩，于是多买了几斤橘子，让他多一些收入……当我们看见某人的特质、品德、才华呈现正面的力量时，人们往往会乐于帮忙，给予对方机会。“让好人出人头地”是许多人的共同心愿。

基于这个道理，如果你拥有良好特质，请将它百分之百地发挥出来，成就美好的自己，自然能吸引贵人来帮助你。

美好的自己也是有等级的。比方说，“小我”的焦点向内，主要“功德”放在自己身上，例如追求更好的表现，把个人程度提高，如此便能得到他人的瞩目。

进一步的“大我”，其焦点向外，“功德”不集中于自己身上而是泽被众生，甚至把他人看得比自己重要。例如把研究心得分享给同事，把较轻松的差事让给比自己虚弱的伙伴，这样的付出将赢得他人的尊重。

最高等的“超我”，未必站在最高位置上，它往往代表对源头的理解，也就是“由我出发，由我开始，我是一切事情的根源”，这也是对事物的承担。不管身为大企业的CEO还是清洁工，对自身的接纳度都是一样的。因为我的家庭重要，所以我是最重要的那个人；因为爱我的公司，所以我重视自己的奉献。这份“重要”不等于高高在上，也不是无可取代，而是谦卑地面对整个宇宙，超然地做自己。

从小我、大我到超我，人人都该精进自己，有了这份心，贵人就会自己找上你！

成为别人的贵人，自己的收获远比付出更多

能否成为他人的贵人，答案在自己手上。你不妨先问自己：“我懂得饮水思源吗？”“我愿不愿意给予呢？”“能不妒嫉他人超越自己吗？”如果每个答复都是肯定的，那么恭喜，你会是个很棒的贵人。

二十几年前，我和朋友展开了一项志愿事业，到甘肃兰州帮偏远地区的儿童盖小学，其间一度中断了几年，之后又陆续展开。这些地区地处遥远，从香港得搭五个多小时的飞机先到兰州，再转乘近15个小时的汽车才能抵达。那里虽然穷困，却是一方有文化、有渊源的土地，《易经》的发源地就在天水，光想到这点就令我心潮澎湃。

汶川特大地震时，兰州也受到重创，但因相隔较远而不在补助范围内。公司董事Timax邀我同去看能否帮些什么，那时正值我40岁生日，决定送自己一个礼物——去帮助一群不认识

的人。我们先到当地考察，随后募捐了大约80万人民币，把震垮的学校重建起来。

有朋友问我："灾区很多，何苦跑那么远去奉献？"我回答："总有个地方是我能做些什么的。话说回来，我不敢说自己在奉献，说不定是对方给我在奉献呢！"当因为付出而让自己感受到快乐与幸福时，我的人生好像变得更有价值了，这份感受让我觉得自己的收获远大于付出。

我们集团还推动了"梦飞行"计划，带着残障儿童或贫困儿童，各由一位家长随行搭飞机从香港、澳门来台湾，完成孩子们的梦想。这活动已连续推广三年，规模也从一天、两天扩展为三天，感谢观光局、长荣航空、六福村、小人国等机关和企业的赞助，大家一起帮这群孩子圆梦了。

在活动中感受到幸福的不只是孩子，所有随行家长、主办及协办者都深深被鼓励和抚慰。我们看到许多有身心障碍儿童的家长，他们不以受害者自居，毫无怨尤地照顾子女，他们的父爱与母爱，是上帝给人间希望的见证。当这些家长说"老师，您是我们的贵人"时，我不禁泪流满面地告诉对方："谢谢！但您给了我们更多！"

或许，你可以这么想：

一个人无法跨过五米高的墙，
一群人合作却有办法，
我们本就是群体动物，何必害怕互相依附呢？

人际关系是最可贵的资源，
百分之百投入，贵人自然来；
若成为他人的贵人，
能量不会被消耗，而会循环再生。

你能随时自我激励吗？

想要自我激励，先诚实接纳自己吧！

接纳是最好的力量！

当你接纳了自己，

会发现世界变得更辽阔，

所有的纷乱将逐一归位，

不安的情绪会渐渐沉淀，

然后，就是你创造新世界的开始。

身为导师，
我以“激励他人看见未来可能性”为荣

有人采访了100多位成功人士，然后从中归纳他们相同的特质。结果发现，这些成功人士有些共通点：他们都喜欢锻炼，并且大都以跑步作为运动方式；热衷阅读，习惯早起，并喜欢和其他成功者互动。最让我印象深刻的一点是：他们都有自己的人生导师。

拥有人生导师，意味着这些成功人士乐于学习，并接受自己仍有不足之处，期盼有人为他指出盲点。这是非常不简单的气度，当一个人长期被评价为成功者，很容易陷入过度自满，甚至忘记自己也是凡人。有了人生导师的指引，这些成功人士能保持谦虚学习的态度，随时再出发。

都是明灯，导师和教练有哪些异同？

近年来，教练学在世界各国方兴未艾，许多国际知名企业将它视为人力培训和提升竞争力的利器。教练学，其实不是在于教导某一门知识，而是通过引导，促进人的思考和自我理解，跨过藩篱，超越自我设限。

在教练学的领域里，我们经常会听到“教练”（Coach）与“导师”（Mentor）这两个名词，而我也总是被问及这两者有何异同。

基本上，教练和导师的引导技术是不同的，不过也有某些雷同的地方。教练采取“一对一”的模式，可以进入学员的世界，了解他的人生观、价值观，针对个别状况给予建议和指引。教练和学员之间，彼此就像打乒乓球般一来一返，会做思想交流与讨论，教练会仔细倾听学员所说的话，更重要的是听出那些没被讲出口的话，因为无论是“言不由衷”还是“弦外之音”都有被探讨的价值。

导师可以采取一对一但也可能是“一对百”的模式，其影响力可以更快地扩散，就像撒网、收网，同时唤起百人的回应。通常是由导师抛出深具启发性的议题，并提供独特的思维模式和说法，来引导学员自我探索。

例如讨论“承诺”时，可想而知，导师不太可能在有限的时间里聆听上百位学员的看法，充其量只能请少数人表达，然而他会清楚地传达自身对承诺的观念，借此引导学员去解读承诺的意义，来帮助他们找出属于自己的定义和期待。

无论教练还是导师都扮演着明灯的角色，都能陪伴和引导学员，在面对工作、人际、婚姻、教养等各种人生问题时，激励他们厘清困惑，看见内心的真实想法，而且他们也不会越俎代庖，不会帮学员做决定。

身为导师，我很喜欢自己的工作，因为能帮助他人走出迷惘，看见可能性。即使我已成为许多人的导师，却依然有自己的导师和教练，那是一种像是有人帮你的人生点盏灯照亮前路的感觉，让你可以笃定地前行，不疑不惧。

厘清意识层面，是理智和激励的前提

世上没有绝对平坦的路，人生亦然，高低起伏是必然的生命风景。多数人在面对下坡或谷底时，总处在低迷情绪之中，甚至从此一蹶不振，所以“找对人激励你”和“学会自我激励”是很重要的事。

我常听到学员抱怨：“我知道某某人是在鼓励我，可是一点用都没有。”通常我会告诉学员，某某人只是技巧不好或方向不对，但他的心意却是珍贵的，请不要看轻别人的关心。

人的体验是快速得来的，就像遇到火会立刻缩手，这种反应绝对真实。我认为，凡经过考虑、过滤得到的感觉、情绪、想法，都不算真正的体验，这些东西一旦掺杂在一起，常会造成混淆，甚至把理性淹没，让我们无法做出最佳选择。如果能加以厘清，回归到意识层面，觉醒力就会提升。

未达意识层面是很危险的事，容易沦为不理智，动辄被唆使和煽动，或被哗众取宠的人所迷惑而盲从；换言之，想依据理智判断，想做有效的激励，都得回归意识层面。

教练和导师的最大作用，是陪伴你厘清思维和情感，在意识层面里做判断，但如前所言，决定权依然在你手上。

举例来说，有些自认婚姻失败的学员会问：“老师，您觉得我离婚好吗？”我告诉对方：“这问题，你在我这里永远等不到答案！因为我不是你，也不知道你的婚姻真相究竟如何。甚至我认为这世上根本没有真相，只有演绎，你所描述的只是你的角度、你的观点，绝非全貌。”

尽管我不会给予答复，但也不会把“离婚”或“不离婚”评断为“好”或“坏”，而只会引导学员思考，为他倾注力量，让他愿意为自己所选择的事情负责。

找到好的导师，
你的人生会舒坦许多

年轻时，我常跟在师父Jim Cook身边学习，他是个热情有礼的美国中年人，我则是出生在香港的小毛头，我们之间存在文化和性格的差异，但我仍在他身上学到很多，他是我的人生导师。

有一回我们一起出门，师父在街角买报纸，那天书报摊老板像吃了火药一般，口气很冲，态度又恶劣，我差点忍不住想指着他骂，可是师父依然微笑以对，礼貌地向对方道谢，然后带着我离开。

上车后我问："何必对他那么礼貌？礼貌是留给讲理的人用的。"

师父笑着告诉我："我是谁，不取决于别人是谁；我的态度，不取决于别人的态度。我不会因为其他人怎样就跟他们一样，否则我就没了自己。"

这番话至今仍常回荡在我脑海中，化为师父对我的叮咛。托他的福，我后来极少因他人的不礼貌而动怒，因为我不想没了自己。

即使舒坦，也不等于人生不会犯错

找到一位好导师，能让我们的人生舒坦许多，然而这不代表从此运途顺遂，更不等于不再犯错。

人的一生会犯下无数错误，甚至有人说过，人生是由一连串的希望与失望所组成。人非圣贤，孰能无过？犯错这件事就是会不断发生，只不过因有导师的启发，我们能具备磊落的正面心态，对错误亦有较真切、较理智的了解，有意愿也有能力去承担错误所导致的后果。

常和我往来的友人都知道，我喜欢收藏古董，对某些文物总是爱不释手。很多人问："Chris，你怎么知道这些东西是真是假？有秘诀吗？"我总回答："有啊，被骗多了，就知道啦！"

既然代价一定要付，当犯错成为生命中的必然，那以犯错为代价又有何妨？无论如何，我们总能从中找到一些收获，即使买到别人眼中的"赝品"，若不图转售牟利，纯粹是将喜爱之物收藏在身边，时而拿出来赏玩，图个开心满足，谁能说没有收获呢？

现代人爱面子又追求完美，不允许自己犯错，很怕被人笑话。为了规避犯错，索性不行动，在我看来这根本是本末倒置。在这种心态之下，人们注定要消极应对人生。

“参加升学考试，不设定较高的目标，这样就不会失望，不被讥笑。”

“上班奉行‘少做少错哲学’，这样就不会被主管刁难。”

“很想成家，但不愿花心思恋爱，这样就不会被情所伤。”

“有缘遇到喜欢的古董，决定忍住不买，这样就不会被骗。”

导师的可贵在于引导你思考，让你处在任何逆境中都能帮助自己舒坦些，但他不会介入你的人生，更不会阻止你去犯错。

例如，热恋中的年轻学员，年纪很轻却想结婚，当他们询问我的看法时，我会据实以告：“我主张晚婚。因为我本身早婚遭遇过许多问题，确信太早结婚很难行得通，毕竟经济基础不稳定、抗压力不够，若没计划就迎接小孩的到来，很难不手忙脚乱……”将这些观点陈述清楚，帮助学员厘清他想结婚的动机，鼓励他理性思考何时才是结婚的最佳时机，并请他考量早婚万一遇上困难时可以如何解决。

经过这番引导，即使最后他仍决定早婚，也是在充分考虑下所得到的结果。

换上不同的眼睛，重新看待事情吧

青少年来上自我探索课程时，他们经常会分享这么一个观点：“我妈对我太好，任何事都帮我安排好，但她根本不知道我想要什么。”这些孩子说话的口气无奈极了，但我想，如果他妈妈听到这番话一定更欲哭无泪。

施方与受方的认知差距，在生活里屡见不鲜。主管觉得自己很认真地教导下属，下属却接收不到美意，只觉得主管在整他；老师认为把某些作业安排在连续假期里，时间充裕，较无压力，但学生却觉得老师恶劣，存心搞砸他们的假期。我很感谢双亲，他们给的最大礼物就是不太管我，让我拥有足够的空间和自主权。此外，母亲从不拿我和别人做比较，所以我从小做自己，很少想复制别人的路。

我常传播一个理念：“让自己所爱的人做他想做的事，那才是真正的爱，否则就成了控制。”这一点，适用于婚姻、交友以及养儿育女。

中国人讲的中庸是大智慧，过度极端绝非好事。我觉得教练和导师有如平衡杆，能帮助学员把极端平衡回来，甚至带领学员以不同的眼睛看事物，并非将自己的想法强塞进学员的大脑。

我经常把握机会告诉为人父母者：“对于孩子，你该对他负责任，但你无法负他的责任。”这番话也适用于所有教练和导师，当学员面对悬崖却坚持非跳不可，我们能做的就是带领他再思考，让他明白行为背后的代价，让他愿意勇敢承担责任，剩下的就要适时放手了。

激励自己之前，何不先诚实接纳自己？

听过太多人抱怨命运不公平，从出生开始，每个人的起点就不一样。但我更愿意如此看待这件事，也就是虽然每个人都是不同的，却有四大特点相同：

第一，每个人都是独特的；

第二，每个人都是完整的；

第三，每个人都具有创造力；

第四，每个人都是充满资源的。

正是这四个特点，让人们成为独一无二的个体，既然如此，又有什么道理让我们不欣赏自己呢？

接受自己是“好与不好”的结合体

现实世界里，不懂得欣赏自己、厌恶自己的人实在太多了！我常听到“若能像某某人就好了”“真希望变成某某人”这种话。

之所以说你独特，是因为这世上再也找不到另一个你，作为唯一的你当然珍贵。然而，许多人宁可紧盯自己的缺陷，嫌东嫌西，甚至通过整形、化妆去模仿他人的美，把自己变成他人的“山寨版”。

“每个人都是完整的”，这句话更富深意。人虽不完美，却是完整的，这其中包含了“好”与“不好”，两者都是你的一部分；再者，你以为的“不好”，就真的不好吗？这可不见得！

以“贪心”为例，几乎所有人都认为贪心是种缺点，总伴随着自私的特质，但谁也不能否认，它其实是人性之一。一味否认自己有贪心的特质，不断催眠自己或假装无私，这么做就能起好的作用吗？

我倒觉得不如承认，自己有时的确会有些贪心，很难做到无私奉献，坦然承认自己必须“有偿做事”，但是会选择“有价值、有意义的事”，如此一来，对自己、对社会都说得过去。

“性别观念僵化”是另一种层面的问题。老一辈的人在养育男孩时，会特别强调不准哭，养育女孩时则时时叮咛个性要温柔些。

这些男孩长大后，认为天生要勇敢、要坚强，误把温柔、慈爱当成是一种软弱，甚至产生“温柔的男人很娘娘腔”“太慈爱会害小孩没出息”等错觉。等成为父亲后，这些男人习惯以威严的态度面对小孩，造成亲子疏离；有时在职场受挫，万分沮丧地回到家，却无法向另一半倾诉，因为觉得那是一种示弱，只好压抑自己的情绪，这也成为很多成年男性压力的来源。

对于这类学员，我都会劝告他们：“不要被部分的你，阻挡了完整的你！”作为父亲，就把你拥有的温柔和慈爱释放出来吧！那会让你成为更强大的父亲。

承认或否认？决定你是主人或仆人

去年我看了电影《丹麦女孩》（*The Danish Girl*），它改编自画家埃纳尔·韦格纳（Einar Wegener）的故事，由奥斯卡影帝埃迪·雷德梅恩（Eddie Redmayne）主演。韦格纳是丹麦的风景画家，其妻子格尔达也是画坛的活跃分子。韦格纳在扮演妻子的模特后，内在的性别意识觉醒，开始认为自己应该是女性，甚至决定挑战当年尚未纯熟的性别确认手术，以莉莉・艾尔比（Lili Elbe）的身份继续他的人生。主角最后因某次手术失败而丧命，整部电影描述了他的心理转折，从疑惑、挣扎到接纳，以及决定追求梦想、接受手术的过程。影帝的演技精湛，让原本就充满戏剧张力的故事更具说服力。

绝大多数人对于性别抱持与生俱来的笃定，然而韦格纳在察觉自己潜藏的性别意识后，诚实地面对自己，为理想而战，这份勇敢的态度是令我动容的原因。

自我接纳，就是勇者；反之，那些排斥自己的人，很难真正坚强。我看过太多缺乏自信的女孩，整天把自己打扮得美美的，以吸引他人眼球为目标，认定这是人生最值得追求的事。但撇开他人评价，要她们扪心自问："你觉得自己是有价值的人吗？价值何在？"恐怕答得出来的人不多吧。

有趣的是，越是斯文、安静、有礼的人，越容易在不小心时，在某一面流露出狂野或霸气，一旦自我察觉便赶紧压抑。为何要压抑呢？因为他们认为"这样不好"。

情绪就是情绪，没有绝对的好与不好。我常问学员："你拥有一只手表，请问你和表当中，谁是主人？"

毫无难度地，大家都回答："当然我是主人！我是拥有者啊！"

"你拥有情绪，请问你和情绪，谁是主人？"

大家几乎都沉默了。作为拥有者，你就是主人吗？主仆关系是用拥有来确认的吗？我的看法是：

承认情绪存在，那么，由我控制它，我就是主人；

否定情绪存在，那么，由它主宰我，我就是仆人。

接纳是最好的力量！当你接纳自己之后，会发现世界变得更辽阔，所有的纷乱逐一归位，不安的情绪逐一沉淀，然后就是你创造新世界的开始。

驴子有胡萝卜和棍子，你有什么呢？

故事书里，磨坊主人为了诱惑驴子乖乖绕圈，会在它面前绑根胡萝卜。

驴子因为想吃的欲望便不断向前走，于是带动石磨来磨好麦子；如果这头驴子对面前的胡萝卜失去兴趣，这时磨坊主人便会拿出棍子抽打它，驴子照样得乖乖向前。

小时候看到这篇故事，总觉得驴子好可怜，被磨坊主人欺负。长大之后这才明了，靠劳力生存的驴子需要引导，磨坊主人所做的，其实包含了激励和管教，让驴子顺利完成任务。

开始工作后，我常问自己："驴子有胡萝卜和棍子，你有什么呢？"仔细厘清后发现，愿景和目标是推动我往前的"胡萝卜"，而保持通情达理是我的"棍子"，它不会主宰我的行动，却会鞭策我要留意脚步。

那么，你知道什么是自己的"胡萝卜"和"棍子"吗？

梦想不等于欲望，你能分辨吗？

你最常听到周遭的人说什么？“我想要”是我最常听到的，很多人喜欢将它挂在嘴边。请问你分辨得出自己想要的是梦想，还是欲望吗？

多数人对梦想和欲望，其实不太分得清楚。梦想不等于欲望，两者是有差别的。不管你是用感情推动自己，还是用承诺推动自己，总之，请记得盯着目标——盯着目标并不会让困难消失，但能让我们更坚定，有支撑下去的力量。

“想要”胡萝卜可以是“欲望”，更可以是“梦想”。欲望永无止境，会不断衍生，很容易让人迷失其中，最后沦为欲望的奴仆。我看过很多喜欢名牌包的女生，嘴上许愿：“我只要拥有一个爱马仕，这辈子就满足了！”若相信她的愿望这么容易打发，那就大错特错了。对欲望而言，“拥有”不过是另一个起点，绝非终点，绝大多数的“名包控”会一件接一件地买下去。

梦想是人类和动物的最大区别，尤其是大胆的梦想，它会吸引我们前进。话说回来，梦想无分大小都该尊重，它会源源不断地产生，这一点和欲望类似。

当我们把小梦想实现后，大梦想也会随之诞生，而梦想包含了承诺和努力。有梦想的人都知道，凡事得靠积累，每次答应的事努力做到，每次的承诺都能达成，就能一步步赢得尊重。

多数建筑师最初从盖小房子起步，无论社区规模多么小也会谨慎对待，等基本功都练扎实了，将来才有希望变成大建筑师，甚至成为举世闻名的建筑大师，就像高迪之于巴塞罗那，整座城市都能拥有你的特色。

追逐梦想比追逐欲望更能带来充实感，因为历经宣告、行动、结果等过程而达到高峰，另一个高峰就会自动出现。当我们赢了，就是重新宣告的开始，重新行动，也会重新结束。这样不断地循环和挑战，梦想会堆叠得越来越宏伟，加上承诺一一履行后，实现还会困难吗？

对多数人而言，奋斗是为了家庭

激励是需要动机的，对我和大多数人而言，奋斗是为了家庭，当然也有人是为了国家或其他目标。我甚至听某位成功的老企业家说过："我一生努力，只求死亡时，所爱的人都在身边，让我知道他们都很幸福。"这番话令我无法更赞同了！既然家庭是自我激励的动力，所努力追求的是家人的幸福，那么无止境地牺牲与家人相处的时间，显然不是个聪明做法。

此外，我从年轻就立志要把教练学推广出去，要让更多人接触培训课程，只要想到这个梦想便会精神百倍。正因知道知易行难，每当面对挫折时也就能笑着接受，并告诉自己又多收集到一种失败经验，并也会鼓舞身边的人快振作，我们就要再跨越一道障碍了，别沉沦于负面情绪当中。

我的学员里有不少是年轻大学生，也不乏拜师学艺的小学徒，无论在课堂上还是在职场里，他们都习惯抱怨学习的辛苦，甚至把这份不舒坦迁怒到教授或师父身上。

为了带领他们转移这种负面情绪，我在课堂上提出了假设。

“如果你在台中，家人在台北，没有任何交通工具可搭，步行是让你们团聚的唯一方法，请问你打算怎么做？”有的学员说要先去抗议交通网络为何瘫痪，有的学员说要先去买双好走的运动鞋，也有人说要开始准备粮食和水……我告诉他们，如果是我，就会做好准备，然后尽早向北走，因为越早出发能越早和家人团聚。我当然也觉得走路很累，但前提已经说了，步行是团聚的唯一方法，难道为了抱怨就不走了吗？不，我不会这么做。

同样的道理，如果学习是拥有某项知识或技能的唯一办法，把力气花在频频抱怨学习的劳累上，会让结果更好吗？当然不会！

经过这番讨论后，年轻学员告诉我，他们对学习有了不同的看法，那是一种选择也是一种代价。我很喜欢“把吃苦当作吃补”这句台湾俚语，勉励大家觉得辛苦时，多想想这句话吧！

叹息“距离成功只差一步”的人真多！

每当听到有人嗟叹“只差临门一脚”“差一步就成功了”，我都很想吐槽。如果不是很熟的朋友或前来请教的学生，我会尽量克制不多嘴，避免惹人讨厌。

对于说这种话的人，我很难不打从心底想：“你未免太乐观了！”“事实如你所讲的那样吗？”“你确定这不会是一场误会？”失败就失败，没什么大不了的，这次没成功不表示下次没有机会，但如果不能客观看待失败，那么问题可就大了！

你怎能确定自己只差一步

某次课程中，学员提问：“当你和成功擦肩而过，该怎么安慰自己？”我不太理解对方的问题，便请教他何谓“和成功擦肩而过”。

他思考了一下："比方说参加比赛，眼看快抵达终点，偏偏时间已经到了，所以奖杯是别人的；或是研究好多年，眼看快成功了，别人却先申请到专利。"

我反问："钟响之前，大家知道自己只差一步吗？钟响那一刻，说真的，大家怎能确定自己就只差一步呢？"学员们表情凝重，仿佛我说了不得体的话，让大家尴尬了。

在许多搜救行动中，我们总能看到有罹难者倒卧在沙漠边缘或山道出口附近，让人不禁感慨："要是多走几步就好了。"如果知道自己再走几步就能跨出沙漠，谁都会继续往前。然而罹难者并不知道，随着时间过去，体力和斗志一点一滴流逝，他不禁怀疑自己弄错方向，还可能绝望地认为没机会获救，于是停下脚步，疲惫攻陷了他，死亡也是。

走出沙漠的唯一方法是"坚持"，唯有坚信自己能走出沙漠的人，才有希望走出去。有些人的确坚持到最后一口气，可惜不走运，命运没给他机会，但更多人是死于恐惧与放弃。

换个角度思考，当距离终点看起来只有一步之遥，成功者仿佛只比我们多跨出一步，就好运地赢得胜利。但你怎知眼前这一步，底下不是悬崖千仞？为了绕过这个悬崖，成功者可能多走了几十里路，这些付出我们都没瞧见，但并不等于不存在。

学员问："当无法确认目标还有多远，也不知道能否很快抵达成功彼岸，这时该怎么做呢？"

我回答："和走出沙漠一样，只能靠坚持。坚持能让我们得到答案。"

活在当下并继续向前，能避免遗憾

每一个人都想要成功，那么众人最抗拒的是什么？我认为失败充其量只排在第二，最被大家抗拒的是"死亡"。请回想一下，每当提及死亡，大多数人脸色是否不太自在，或想努力转移话题？但即使不想、不听、不说，每个人也迟早得面对死亡，任谁都逃不过这一关。死亡是个谜，既不知何时会死，又不知会死在何处，更不知死后会去哪里，一连串未知造成莫大的恐惧。

各大宗教对死后的世界都有诠释。有人问："我们又没死过，怎知道宗教讲的是不是骗人？"我觉得真相其实没那么重要，只要能支持你继续向前，相信它又何妨？

或许有人会反驳："我还年轻，只要小心谨慎，就能和死亡保持远距离。"也曾有人质疑："刚出校门的孩子，人生有那么多重要的事可谈，和他们聊死亡，合适吗？"

我认为，既然和年轻人探讨生命是无可避免的，就该坦然地谈论死亡，而且应趁早。年轻人总以为自己不会死，认为来日方长而毫不在意地挥霍光阴，这都是一厢情愿的想法。事实上，任何人都不知生命的尽头在何时、在何处，谁有资格不好好活呢？

有位朋友被医生告知只剩下一年的寿命，他慌张地清点了存款和资产，发现足够安顿家庭后，便替自己请了一周的年假，独自思考接下来该怎么过，最后他淡定地回归生活。朋友说："辞职？旅行？还是把握最后机会大赚一笔？这些念头我都有过，不过全都放弃了。我选择正常过日子，减少工作量，慢慢淡出公司的经营。我每星期回去陪父母吃一次饭，亲自接送小儿子上学放学，晚饭后陪老婆去公园散散步，偶尔开车去屏东探望远嫁的妹妹。我没选择环游世界，但会找家人、朋友安排小旅行。另外，每个星期去图书馆给小朋友讲一次故事，那是我多年来想做的事，可惜起步太晚，'故事哥哥'变成'故事伯伯'了。"

当倒计时开始，生命里的轻与重逐渐清晰，你会知道如何选择，只不过问题出在人们少有机会知道自己剩下多少时间。既然不便做任何假设，那么就做最好的准备吧！"活在当下"才能拥有精彩的一生。

当失意难过时，
我这样鼓励自己

人生难免有困局，公司经营也是，发展得越迅速，迎面而来的问题往往越大。

一旦离开校园投入职场，很难不面对经济好坏所带来的影响，尤其是刚出校门的年轻人，本事和经验有限，所受的冲击自然较大。2016年全球经济表现不佳，就我所知，很多社会新人因公司动荡不安，被迫面临裁员或减薪的困境，而他们多半抱着消极想法，认为是大环境害他们不快乐，埋怨自己生不逢时。

每当失意难过，你会怎么做呢？我总是设法自我激励，得以远离自怨自艾的情绪旋涡。

负责任，是对抗负面情绪的利器

受挫时，最常见的负面情绪是怨恨和内疚，前者怪罪别人，后者是责备自己，总之是把“我”归类为受害者，借以逃避负责。放任自己沉溺在这样的情绪，对处理事情多半没有帮助，因为把自己定义成“受害者”，就表示已放弃负责的主导地位。

“负责任”是我对抗负面情绪的第一超级武器！只要自我提醒“这是我自己的选择，别抱怨了”，便能快速摆脱负面情绪，心甘情愿地处理眼前的困境。即使困境难以立刻逆转，但至少可以转换视角，重拾理智，判断接下来何去何从。我经常往来于世界各地，坐飞机是家常便饭，曾多次因为塞车来不及登机，也遇过不少次班机大延误，让一连串行程耽搁得惨不忍睹。最惨的一次，明明下午5点就该顺利登机却迟迟未能起飞，直到深夜1点航空公司才宣布停飞，请所有旅客下飞机。当这个消息通过广播传来的瞬间，机上旅客骂出各国国骂，群情激愤，所有空服人员都非常紧张。

基于个人形象，我不便透露自己骂了什么，不过确实非常生气，整整八小时待在机舱早就疲累至极。这一停飞，耽误了剪彩和致辞，好不容易安排的会晤也将泡汤。我很快和自己展开对话：

“决定这趟旅程的人是谁？”

“是我。”

“决定搭这架班机的人是谁？”

“也是我。”

“既然不能如期抵达，还要去吗？”

“要！非去不可！”

“除了等待，有更好的办法吗？”

“没有！临时也买不到其他机位了。”

“航空公司说天亮‘或许’能起飞，搭不搭？”

“搭，非搭不可！”

既然如此，现在生气也无济于事，飞或不飞并非空姐和机长所做的决定。我默默地取下随身行李，按照空服人员指示回机场休息室假寐一下，等待天亮。

倒霉事发生时，学着赋予它意义吧

有些年轻学员向我诉苦，说公司主管待他很差，办公室斗争冷酷到令人心寒。他们说已经无法再相信别人，甚至出现想立即逃走的念头。

在我创立愿景之前，无论工作或创业都遇过不少倒霉事，也曾被自己深信的人所欺骗，那种感受的确很难受。但我告诉自己，是我选择相信对方，这表示自己看人的眼光还有待提高，当务之急是赶紧强化识人之明，以及找寻下一位更好的伙伴。

靠着这样的想法，我撑过一次又一次的打击，没把过去遭遇的背叛变成日后的包袱，依然真诚地相信别人，并笃信只要找对人就可以长久地合作。

当我还是基层员工时，曾认为某位主管简直是神经病。有一天，他要我去清洁男厕的小便斗，当我向他汇报完成时，他却把整碗泡面倒进去，然后问："你敢吃吗？"我当然拒绝，当时简直快气疯了，觉得这是蓄意的羞辱。

我拿这件事跟师父告状，他沉思了一会儿，说道："管理是见微知著，只要看看洗手间，就知道这家公司的管理是否到位。"

师父的回答让我惊讶莫名，我不明白如此明显的羞辱，难道他看不出来吗？我回座位冷静思考接着该何去何从。隔天一早我进公司，不只把小便斗刷到发亮，整间男厕也被我打扫得焕然一新，然后请这位主管进来检查，还弄了碗泡面倒进小便斗，问他："要我吃吗？"他笑着摇头，自此没再为难我。

师父把这个令我挫败的事情加上意义，借此转移了我的注意力，也改变了我的想法。从此之后，只要遇上倒霉事，我就学着这么做，不仅转换了心情，也培养出将危机变成转机的能力。

当你为倒霉事感到失意难过，试着赋予它意义吧！吃亏其实不是问题，不妨认为那些恶人是在锻炼你，促使你赶紧成长，让你更强大。衷心感谢那些曾恶劣待我、向我挑战的人，若非他们的磨炼，自己可能无法茁壮成长为今日的我。

教练学让我与世界有了全新的关系

教练学是管理学的一部分，它是西方世界近年来的显学，吸引许多人投入研究。当我进入剑桥大学读书后，决定将它带回香港和台湾，并立志推广到全中国。因为教练学解除了我长期以来的困惑而让我受益良多，在惊叹它的威力之余，我更想将它介绍给其他人。

教练学对我至关重要，影响所及并不局限于事业方面，连婚姻经营、亲子教育等都深受其利。成为导师之后，我通过引导和实践，帮助许多学员拓宽了视野。

不授权伤身，授权伤心，老板的梦魇

刚创业之时，觉得应该要事必躬亲，将太多责任全扛在自己肩上，经常感到身心俱疲。我告诉自己这样不成，得要授权给下属，也确实这么做了。可是授权之后，生产力大不如前，业绩开始下滑，我认为原因出在下属能力不足，事情做得不够好上，所以又把事情揽回自己身上，果然业绩很快又上升。如此反反复复，弄得自己疲惫不堪，下属则十分受挫。我很清楚再这样下去，别说奢望公司扩大，恐怕连守成都会出问题。

接触教练学之后，这个难题终于解决了。教授很明确地指出：在“控制”与“授权”之间，我跳过了两个步骤，分别是“指引”和“支持”。换言之，我没有训练下属“想我所想”“做我所做”，就把他们推上战场面对竞争，这是很残酷的事，也是招致业绩下滑的真正原因。

教授提醒我，教练学包含三项非常重要的关键内容，分别是：问有力量的问题，让对方为自己所做的决定负责，由对方做出明确的行动。以教练学带人，就像教导孩子如何钓鱼，虽然比直接送鱼给孩子来得慢，却是扎扎实实的能力传承，就长远来看才是明智的做法。我明白，想要员工能力提升，非得这么做不可。

教授直指问题所在，建议我该设法和下属依序走完四个阶段。

第一阶段是控制。控制是指“由我决定”（I decide），下属必须倾全力配合，通过这个阶段来强化他们的基本能力和对指令的了解。

第二阶段是指引。指引是指“说明我为何决定”（Talk about），通过谈论，让下属明白我的思路和目标，也就是增进员工对主管的理解。

第三阶段是支持。支持是指“谈论若是你会怎么做”（Let talk about），我该花心思带领下属思考如何决定并与之讨论，促成他的进步。

第四阶段是授权。授权是指“由你决定”（Let you decide），这是真正的放手，把做决定的权力交给信赖的下属，接受他的决定。

在这个过程中，我发现“问有力量的问题”是很重要的启发。懂得发问，这比不断下指令更有效、更有力。果然，当我付诸实践，放慢脚步去跟员工说明后，下属逐渐习惯被我询问：“你觉得这么做会有何后果？”“你认为这样做正确吗？”面对提问，他们不再慌张失措，因为知道老板是诚心与之讨论。我与下属之间有了更好的默契，他们也会一一思考后再做决定，果然比过去睿智得多。

用新的眼睛、耳朵和嘴巴看这世界

我曾经和大家一样，很在意事情的真相，执着于追求标准答案，频频追究“对不对”“好不好”。成为导师之后，我的世界发生了质变，不再像从前那样呆板固执，相应地，疑惑也变少了。

在与学员互动时，导师负责创造范畴而不管理方法，由学员自行带入内容。若是运用比喻来做解释，导师给予的范畴就像“水瓶”，学员提供的内容则像“水”，用什么方法将水注入水瓶是不拘的。

无论时间或空间，万事万物都有其范畴，虽然无形却存在，就像能量一样，虽看不见却可被体验。范畴非常重要，就像缺少水瓶的话，水是无所依的。范畴决定了内容，一旦范畴不对，内容便不可能正确。

好比沙漠干热，常见的生物包括仙人掌、蝎子、响尾蛇、骆驼等。当你把范畴设定为沙漠，就不该指望出现杨柳、莲花、熊猫、青蛙等内容；同样地，当你期盼打造一座生态乐园，想看见蕨类、棕榈、树懒、雨林蛙等内容，正确的范畴应设定为热带雨林，若将它设定为沙漠，即是天大的错误。

成为导师之后，我与这世界有了全新的关系，仿佛有了新的眼睛、耳朵和嘴巴，可以看见、听见不一样的世界，甚至能看见、听见被隐藏起来的真相，并有了全新的沟通能力，能把所知所想表达得更真切。

这种感觉，不知是否与武侠小说中练武之人打通任督二脉有着几分神似，但我不得不说，这种感觉真是太棒了！

或许，你可以这么想：

既然我们是独特的、完整的，

具有创造力且充满能量，

面对这样独一无二的自己，何不自我欣赏呢？

与其花力气去抱怨和挑剔，

不如诚实地接纳自己，激励自己，

鼓励自己以负责任的态度，赋予挫折新的意义。

5

你追求成功人生，或只是求生存？

动物的目标是生存，人的目标是梦想；

人若无梦想，和动物又有何差别？

然而，当迫于环境只求不死就好，

便不可能好好地活。

难得来世上一遭，我们要做有梦想的人，

做对世界有价值的事！

师父早一步
看见未来的我

回想起来，21岁参加探索课程的我，根本无法预料未来会如何。当时那个Chris反应机敏，喜欢被关注，愿意为朋友两肋插刀，最在意的人是母亲，会在好友面前逞强："我没念大学，赚的钱不比大学生少啊！"私底下却为没读大学而自卑，有满满的斗志但不晓得要把梦想托付在哪里……

这样的描述，有没有让你感到熟悉？是不是和你或你的好朋友很相似？那时的我是个对未来懵懂、对前程茫然的年轻人。

师父Jim Cook不止一次地告诉我："Chris，你要记住，人生的最低参与程度是百分之百，低于百分之百只能算求生存。"这句话是他给我最深刻的启发，也奠定我对自己的要求不要只求"活着"，而要成为有梦想的人，做出对世界有价值的事！

在师父身边，每分每秒都是学习

我不晓得Cook先生当初到底看上我哪个特质，跟在他身边好些年，几次想问为什么，却始终鼓不起勇气。他退休后在巴厘岛享受晚年生活，然而深受帕金森病之苦，饮食和讲话并不方便，我想自己的疑惑也许永远得不到解答了。但我情愿相信，是师父的智慧让他看见未来的我，当年我对自己毫无所察，这份知遇之恩让我铭感五内。

我父亲是个传统的男人，虽然疼爱与关心我，却鲜少和我深入对话。我师父是个热情又不失优雅的美国人，他很幽默健谈，即使不说话也会用行为和风范教导我许多事，跟着他的每分每秒都能学到不少东西，是影响我最深的男性。微妙的是，师父从不介意我们想法不一致，毕竟他是他，我是我，他真正在意的是，我有无全心全意地投入。

师父桃李满天下，他的好友曾说："Chris，你就是Jim的亚洲儿子。"听到这番话我几乎要流下眼泪，这是自己得到的最动人的赞美。我的许多观念都源自师父，仿佛他通过教导把基因传递给我。随着年纪渐长，益发感受到他对我的影响，正如他的慧眼与提携，我也把这份爱传承下去，给年轻人希望和机会。

如今，我身为INVISION GROUP（愿景集团）总裁暨首席执行官，也是教练学国际协会中国总会主席，肩负起为教练培训订立标准的责任。我常自问：“能为大家做些什么？”所想的不只是开创自己的事业，更希望对这个行业有所贡献。我的工作信仰决不偏离师父教导的一切，在内心当中，他是我的人生导师，也是这个行业的标杆。

给予高度信任，让我勇于担当

或许我现在看起来成熟多了，不过在20年前的小屁孩阶段，也做过不少蠢事。即便如此，我的老板也就是师父，还是耐住性子等待这个幼稚徒儿长大。

刚成为导师不久，有天晚上我带一群学员去看电影，放映时间比预期长，等大伙儿回到学习教室，公司已经关门上锁，一群人的包包仍在办公室里，还得赶末班车回家，个个神色着急，不知如何是好。在联络不到同事的情况下，我带头把门踹开，让大家各自拿了包包好回家，果然受到英雄式的欢呼。

我脸上虽然堆着笑，但其实在踹门的瞬间就已经开始后悔了。“我把门踢坏了，师父一定会气炸，我才刚刚当上导师，他会不会对我失望透顶？”我越想越怕。像做错事的小孩不敢面对父母，开始想怎么编谎，于是卑鄙地问了一个下属兼好友："你可以帮我顶罪吗？"她二话不说便答应了，还安慰我说："没问题，反正我一天到晚惹祸，老板会相信的！"

隔天，师父果然大发雷霆，我的好友很义气地承认是她所为，挨了好大一顿骂。我很担心会害她失去工作，内心忐忑，非常痛苦。煎熬两天之后，我实在受不了，敲了师父的门开始忏悔："对不起，门是我踹坏的，并且还要求别人帮我顶罪，这些坏事都是我干的。"

师父严肃地盯着我："早知道是你了！我在等，看你会撑多久才来自首。幸好你来了，不然我会很失望。"我被他的话吓得目瞪口呆，内心纳闷儿：明知道是我，为何不拆穿？干吗还骂那个顶罪的人？

"为什么不敢承认？到底在畏惧什么？"

"我畏惧你如何看我，也畏惧你炒了我。"

他对我说了今生永难忘记的话："Chris，别人怎么看你并不重要，重要的是你怎么看自己。门砸破了可以修，对自己的诚信打破了，才是最大的破坏！犯错没有关系，只要勇于担当就能解决。"

这个教训让我了解，真诚面对是最好的解决之道，我决定做个坦诚的人。在这次事件后，师父一如既往给予我高度信任，而我也发誓不再让他失望，逐渐蜕变为勇于担当的人。

除了金钱，人生还有更多宝藏

在教练学的课程里，导师们最常问的一句话是："你是谁？"

"我"，是人们最关心也最好奇的对象，永远值得研究，因此每年报名参加探索课程的学员数永远最多，大家无非想了解自己，进而帮助自己提升。

通过重重探索，非常幸运地，我在年轻时就对自己有了认知，我是个负责任、有领导才能、有自信、有爱的男人。经过多年之后，这个答案没有改变，我的本质依旧，仍是自己所理解的那个人。

我师父经常向学员抛出另一个好问题，几经思考后我也顺利找到答案。

"你对这个世界抱持着什么立场？"用较通俗的讲法就是："你愿意对世界做出怎样的承诺？"

我给的答案是："我承诺用爱和关怀去创造和平、和谐、公平的世界。"这是我对自己的期许，也是给予世界的承诺。

只要你想，就能创造对世界的影响力

"One world one people."无论"你的世界"是璀璨或黯淡，是激昂或沮丧，是丰硕或荒芜，那都是你创造出来的，理所当然地，你有能力决定这世界的样貌。此外，你对这个世界具有影响力，因为你是它的一部分，只要相信自己并且衷心希望，就能左右它、改变它。

曾有学员问道："世界之大，相比之下个人实在渺小。我是不是只能独善其身，无法兼济天下？"

类似的问题我在年轻时也曾有过，自以为个人力量有限，想带动整个世界发生质变，简直是痴人说梦。你晓得地球上有多少人口吗？截至2016年5月，全球人口超过74亿，有不同的人种、国家、语言与宗教，想影响所有人，是根本不可能的任务！

但师父给了我不同的视野，让我重新看见这当中的"可能"。他告诉我，想改变世界只须影响5％的"制胜关键者"，就能看见效果。这些"制胜关键者"就是领袖人才，只要影响他们便能带领另外95%的跟随者前进，把大家带到不一样的境地。

既然如此，我们怎能以“人微言轻”“力量薄弱”为借口，退求独善其身就好？更积极入世的做法是扫除犹豫、自卑、退缩等念头，不让它们阻挡了梦想的前进。

真的，只要你想，你就能影响这个世界，这份能力与天赋每个人都拥有。

付出或索取，替自己人生做定位

人生在世，可追求的东西太多了，什么是你心目中的珍宝呢？

金钱与财富是多数人梦寐以求的东西，我们的社会也很习惯以此来衡量一个人成功与否。最显见的例子是，每年大家都很关心世界首富是谁，拥有多少资产；喜欢统计各国有多少人挤进亿万富豪排行榜，新进富豪又有几人；媒体甚至以此为题制作特刊，成为大家茶余饭后的八卦。

但我认为人生宝藏何其多，值得穷其一生去追寻的还有很多，与其追逐金钱与财富，我更喜欢鼓励年轻学员把焦点放在“成就感”和“荣耀感”上。这两者并非外在环境赐予，更不是来自他人的赞誉，而是从自己内在油然而生。尤其当实力与成就充分且相匹配时，荣耀感便自然而然地涌现。

相较于追逐金钱游戏所带来的刺激，成就感和荣耀感所给予的满足更恒久，它们的无形价值更隽永。追求成就感和荣耀感并不难，取决于“你为这个世界贡献了什么”，而不是“你从这个世界拿走了什么”。

有些年轻人悲观地认为：“我的学历不高，也没有家世背景，很难出人头地，就算想为世界做出贡献，恐怕也办不到。”我必须坦白地说，这观念太狭隘了，“Give or Take”的关键不在于能力而是态度。我们不必妄自菲薄，只要把该做的事做好，把该负的责任扛起，就是一种贡献。

很多宗教都强调“有心最重要”，在神的天平上不会因为谁的出身高贵、能力强大、知识渊博，就认定他的贡献比较大。既然如此，又何必庸人自扰，觉得自己不如人呢？

思想家卢梭曾说过：“人生的价值由自己所决定。”这句睿智之语值得镌刻在每个人的心头。你可以替自己的人生定位，是追求有形财富还是无形的价值？是要从世界索取还是向世界奉献？这一切，由你决定。

你拥有造梦能力，又何必复制别人的梦？

我内心一直有个念头，希望能进入全球四大商学院之一的“英士国际商学院”（INSEAD，The Business School for the World）就读，以便好好充实自己。有位朋友听了便问：

“这张文凭很重要吗？你这么忙，何必又跑去念书呢？”

我告诉对方：“我要的并非文凭，而是学习带来的成长。我喜欢和时间赛跑，越忙越喜欢挤出时间读书。”

这是肺腑之言。我读书，是为了自己而读，而非为了学历和头衔，更不是想满足谁的期待或追逐谁的脚步。我的梦想是为自己打造，这一点令我自豪，也让我在逐梦过程里，再苦仍甘之如饴。

活出自己人生，而非他人的期望

我的学生来自各个领域，常听他们提起不同业界的典范及发迹模式。曾有人问："虽然时机不同，若能把成功者做过的事都做一遍，复制他的模式应该不会太差吧？"

我很好奇地问："你明明可以做第一个自己，为什么要去复制，做第二个别人呢？"

他回答："因为我不知道自己想变成什么样子，干脆模仿成功者好了。"

网络的发达引发一个怪现象。许多人喜欢把看到的文章拷贝转发，美其名为分享，其实带点炫耀的成分，仿佛通过复制传送，自己就能吸收个中精华，体悟文章中的哲理。这现象很吊诡，不是吗？

此外，有时课堂上会跑出一堆"我想当马云""我要变成乔布斯"的孩子，我都苦口婆心提醒："别人的成功，不一定是你的成功噢！"这并非在浇冷水，是担心他们失去了自己。要赢、敢想是一种态度，虽然不等于会赢、会达成，但"要"与"敢"是出发点，有了出发点才有后续的机会。既然敢想，为什么不想做自己的梦？为什么只想模仿别人的梦？

"我要成为父母心中的好孩子！"

“我要成为师长心中的好学生！”

“我要成为老板心中的好员工！”

这些愿望都是为了达成他人的期望，我想问：“你想做怎样的自己呢？”“什么是你对自己的真正期望呢？”

唯有活在自己的人生当中，成为自己，忠于自己，这样才能晓得自己要些什么。

创造结果的坚持，就能圆梦

我和朋友合作创业过几次，全在极短时间内一炮而红，公司都有不错的成绩。可惜的是，最后皆因理念不同而散伙，我只好将股份卖掉，忍痛离开。

后来我对自己提出了个疑问：“为什么拍档关系永远都会出问题？”大家当初决定合伙，不正是因为梦想相近吗？为何后来会有理念分歧？思考后我明白了，原来我做决定时，总会想“对方希望我做什么”“我能为对方做什么”，并不是真正为自己的梦想做决定，换言之，我没有真正做自己。十几年前，我和朋友一起创立愿景，在事业发展尚未成功的阶段，我的拍档表示想退出并开了一个天价，希望我买下他的股份。只思考五秒我就答应了，但要求分三年给付。事后，其他友人、同事把我骂惨了：“Chris，你傻了吗？怎么不说‘我用同样价格把股份卖给你吧！’？”

我的回答很简单：“我不想再跳船[1]了。”这句话虽简略，却在我心中百转千回。

以前我总为别人的感受而放弃自己想要的，这次不想再把自己辛苦建立的心血付诸流水；再者，分家很伤元气，如果双方拗起来，硬要算得一清二楚，无论是朋友交情或公司前途都会毁于一旦，这不是我想要的。

最后关键在于，我对教练学情有独钟，是这行的佼佼者，只要认真打拼，我有信心五年后愿景会更壮大，现在付出的天价一定能赚回来，我能让这一切想法实现。

我所做的决定究竟是鲁莽冲动还是独具慧眼，该怎么判断？**世人习惯以结果论成败，再回溯帮决策贴上对错的标签。**在努力与坚持下，愿景的业务蒸蒸日上，公司的价值已远远超过当初人们眼中的“天价”，许多朋友对我说：“Chris，当初幸好你有坚持！”

我心里想的却是：“幸好没听大家的意见，而是倾听内心的声音，忠于自己。”

无人知晓下一场战局的结果，谁是赢家，谁是输家，有时

---

① 跳船：来自英语“Jump ship”，为职场常见口语，指跳槽。

候太在意别人的评论，只会对自己造成压力和干扰。我所得到的体会是：旁人当下的评价其实不具太大意义，用平常心看待吧！直到你创造结果为止，梦圆了，赢家就是你。

我是谁？
创造自己的“核心价值”

探索课程开启之际，我很喜欢问大家为何来上课。学员给我的答案不外乎：“我来找寻自信、自尊、梦想、能力……”其中回答“自信”的人占了八成之多。

每当听到这种回答，我会很难得地爆粗口，直指：“来找自信，这是屁话！”学员们无不面面相觑。

我接着予以当头棒喝：“自信，是你对自己的信任，怎能指望别人给你呢？”几秒之后，开始有学员露出理解的微笑，有些则一脸迷惑，课程这才正式开启。

想有自信？把核心价值找出来就对了

如果你希望拥有自信，很简单，把自己的“核心价值”也就是“你所相信的事”找出来就对了。

我的另一位师父Stewart Emery先生是一位知名作家，更是业界翘楚。他与多位专家合著的《成功长青》（*Success Built to Last*）书中，提出成功建立在三个基础上，分别是“热情”“擅长”与“价值”。其中的热情是指对事物的喜爱，少了它，上班和坐牢没有分别；擅长是指驾驭事物的能力，缺少了，做起事来备感艰辛；价值的定义则因人而异，包括了荣耀、信誉、地位、金钱等。这三个基础就像三个圆，交集的部分越大，核心价值越强大；交集越小，核心价值越薄弱。

用Emery老师的理论来看，只要“热情”“擅长”“价值”重叠的部分够大，无论清洁工或企业家都可以是成功者。只要核心价值明确，人人都能自我欣赏，也会对社会有所贡献。

有的人自认缺乏意志力，即使下定决心也难以贯彻，久而久之连自己都无法信赖。通常我会引导这类学员思考：“对他人的承诺和对自己的承诺，哪一个容易落实？”大家都回答，对他人承诺的兑现率比较高。究其原因，无非在意他人给予的评价。而对自我失信时，人们习惯放自己一马，反正不为外人所知，没有心理包袱也就更肆无忌惮了。

“To do”和“To be”是不同的，前者是为求得他人好评而“做到承诺”，而非后者真正地“成为承诺”。举例来说，人人都晓得“不乱丢垃圾是公德心”，大白天走在闹区，即使喝完饮料也不敢随手乱扔宝特瓶，因为那会被看到、被指责，因而遵守规矩，我将这种情况归为“做到承诺”。然而下半夜3点走在人迹罕至的地方，即使四下无人也不会乱丢手上的饮料罐，那么我相信这已是“成为承诺”了。

“To do”与“To be”，你选择站在哪一边呢？

看见与相信，成功者与失败者之别

朋友推荐我看一部电影《燃情主厨》（*Burnt*），这部片子由布莱德利·库珀（Bradley Cooper）主演。电影的主角亚当·琼斯是个拥有好手艺和坏脾气的主厨，曾有诸多恶习，人际关系奇差无比，他来到伦敦想重新振作，带领团队争取米其林三星餐厅的荣衔。其中有一幕心理医生和亚当的对话，令我印象尤其深刻。

“若是你拿到第三颗星会怎样？”

“不！不是‘若是’，而是‘当你’。”

“好吧！当你拿到之后，会是……庆祝、焰火、圣徒、不死之身……完美？”

“嗯，当然。”

“那万一你失败呢……灾祸、瘟疫、海平面上升、蝗虫过境……死亡？”

“当然。”

看到这里我心想：“压力这么大，能成功吗？”评鉴时果然出了差错，一切搞砸了。亚当再度出现在心理医生门口，告诉对方他没拿到第三颗星。心理医生吐槽：“但你也还好好活着啊。”亚当的表情有种全新的了然。

不过实际上那次是误会一场，当得知评鉴员其实没来，在起伏转折中，亚当总算解开内心束缚，享受真正作为一个厨师的乐趣。某天，餐厅前台通知米其林评鉴员来了，老板问亚当该怎么办，他说：“We do what we do,and we do it together.”（只做本分工作，大家齐心协力就好。）我想，他已战胜米其林的魔咒了。

你知道失败者与成功者的差别吗？

失败者常说：“你让我看见，我就相信。”

成功者会说：“我相信，所以我看得见。”

不相信的人永远不会采取行动，“不相信”是“不行动”的最好借口，但不行动又怎么可能看见成功呢？

我另一位良师Jeff Cosby常说：“We are always committed to be something,then we always be something .

Until we be nothing, we can be everything.”我对这句话的诠释是：“我们总想努力成为某种人，终于我们成功了，但那只是一部分的你，是想让世人看见的你。直到有一天学会放手，不局限于要做哪种人，彼时便自由了，真正拥有无限可能。”

我觉得这番话很适合作为电影《燃情主厨》的脚注，也适合解放受禁锢的、缺乏自信的心灵。请把自己的核心价值开发出来吧！那会让你充满自信，更了解自己。

如何制定人生的愿景？

什么是愿景呢？简单来说，就是当你心怀期待，开启对未来人生的想象时，在脑海中浮现的那幅美丽的图画。若是用教练学的语言来说，*愿景是现在的你对未来的你所做的承诺*。

我是个幸运的人，很早就觅得人生目标，而且从年轻时坚持至今，只走这一条路，没有任何犹豫，因为我可以在这条路上获得成就感与满足感。我以能激发他人看见希望为荣，认识到自己能借此途径，让这个世界变得更美好。

长时间执着于某个领域，久而久之很自然容易专精，如果再加上原有的天赋，即可能成为专家。我有自知之明，了解自己的优点和缺点，既是个烹饪白痴，音乐素养又不怎么好，不过在教练学领域里我深具自信，并且笃信能终其一生可以在这个领域钻研与奉献，以及发光发热，这正是我的人生愿景。

“愿景”两字，包含无限能量

“愿景”这两个字，是慈济证严法师最早提出的，在此之前大家只说“理想”。

所谓愿景，就是对前景的发愿。我创立INVISION GROUP（愿景集团），是希望带领学员成为自己的老师，实现人生愿景。当人人活在愿景中，就是最有力量的时刻。

愿景既然是“现在的你对未来的你所做的承诺”，若能制定人生愿景，当然会起一番积极且正面的作用；企业若能制定未来的愿景，自然可以发展得更稳健，甚至达到永续经营的目标。

想要制定愿景，必须先找出“热爱的事物”；有了愿景，即会产生“无限的能量”。请不要动辄自我设限，说什么“梦想太大”“实现概率太小”，只要是发自真心去追梦，就有成功的机会。

我听一些人说过：“我对什么都不感兴趣，所以‘没有特别喜欢的东西’。”或是：“我的兴趣很广泛，什么都喜欢，但是‘没有特别喜欢的东西’。”无论对前者或后者，我都一样地规劝：“不管用任何方法，你就是得设法找出自己热爱的事物。”

我的方法很简单，就是从生活、从课业、从工作，不断设定小小的目标，并尽力将它们完成，然后检视这些小目标，从中赞美、鼓励自己。如此，你将会发现，在逐个达成目标的过程中，会获得不一样的成就感和满足感，而这就是帮助你找到“热爱的事物”的线索。

当每个小目标被一一实现，自然衍生出更新的、更大的目标，通过一步步积累，有如拼图般，你的愿景会越来越清晰，即便路途中有荆棘，愿景所散发的能量也会帮助你获得勇气，毅然地跨越阻碍，直到“达阵①”。

真正的热爱，让你不断找到出路

许多学员很年轻就开始自我探索，这是很可喜的现象。师父曾说过：“人如果到了四五十岁还在找路，那就太痛苦了。”

我想提醒大家，寻找“热爱的事物”确实该趁早，越年轻找到越早走上属于自己的道路。但如果不够幸运，年轻时错失方向，以至于到了中年还在找路，也请不要放弃，继续找下去吧！真正的热爱会让你不断地找到出路，即使迟了些也比不找要好很多。

今年初有部很棒的运动励志片上映，片名叫作《飞越奇

① 达阵，Touch Down，橄榄球比赛中一种重要的得分方式，即“触地得分”。

迹》（*Eddie the Eagle*），中国大陆则直译为《飞鹰艾迪》，由塔伦·埃格顿（Taron Egerton）主演，改编自“飞鹰艾迪”迈克尔·爱德华兹的故事。

艾迪的人生目标是成为奥运选手，他怀揣这个梦想很久了，然而大家都不以为然甚至加以嘲讽。他查阅奥运相关资料，发现英国已经有几十年没派人参加跳台滑雪，便觉得这是他千载难逢的好机会，于是打听了参赛的最低门槛，向父亲要了一笔钱参加训练。虽然英国奥委会并不看好，他甚至连装备都不齐全，却靠着非凡的意志力和志向打动了教练。有了专业人士协助后，艾迪成为历年来最特别的运动选手，用执着不懈写下了奇迹。

正如《牧羊少年奇幻之旅》书中所言：“当你真心渴望某样东西时，整个宇宙都会联合起来帮助你完成。”艾迪虽然不知道该怎么做，但他目标明确，意志坚定，因此，当他发现前方已经无路可走时，总能不断再找到新出路，这是热情给予的力量，也是前文所描述的“无限能量”。

佛家曰：“相由心生，境由心转。”这八个字给我们多大的鼓舞啊！心念的力量何其强大，即使前路坎坷难行，心念一转，把磨难当成磨炼，痛苦的经历就成了上天的祝福，跨越过去必有后福。若能秉持这一信念，又有什么难关是跨不过去的呢？

心中有愿景，就像拥有火炬，能量不熄，而路就在你的脚下，坚定向前就对了。

你当然可以随时修正人生目标

当我犹豫不决，翻来覆去地思考该如何决定时，师父说过的一段话就会钻进脑子里："人生没有最好的决定，但有最糟的决定，那就是不做决定。"

借由这个教诲，我多半能从纷乱的思绪里冷静下来，把"恐惧做错决定"的情绪甩开，由理智接手做判断。或许你会问："万一做错选择怎么办？"很简单，那就修正啊！作为自己人生的主人，方向盘握在你的手上，当然可以随时修正方向甚至是目标。

世界改变太快，修正是合理的

对于认定有意义、有价值的事物，我总能坚定不移，然而我也是个敢变、爱变的人，对于某些事物和做法，我不喜欢设限。

例如教练学，我认为对人类的影响非凡，它能存在几十年并吸引无数人投入研究必有其价值。然而，这课程从美国引进亚洲多年，世界变化如此之大，没道理教学方法不能改变。

关于这个想法，师父笑着提醒："请不要把我的四个轮子全拆掉，毕竟车就是车，不是飞机或轮船。但你可以尽量改造，只要能强化这辆车的性能，没什么不能变的，我拭目以待。"

试想，地球不停地自转、公转，世间万物有什么是永远留在原点的呢？当世界快速变化，人们又怎么能不改变呢？即使是人生目标，也都可以随时修正，否则专家学者何必不断观察社会现况，推测未来趋势？然而，不管是微调还是巨变，我相信改变还是要有所坚持，我们坚信的理念仍有被坚持的价值。

小时候，我的梦想是当警察，觉得可以抓坏人，维持社会秩序，非常伟大，这份对正义的坚持，可能遗传自我的母亲。我从小看她制止别人插队，年幼时也曾目睹她与人发生冲突而恐惧，慢慢长大后却觉得母亲好勇敢，从她身上，我学到据理力争的勇气，知道公平正义有时得靠这样维护。

迫于视力问题，我无法报考警校，注定当不了警察。因缘际会，我成了一名导师，看起来与警察风马牛不相及，似乎没任何类似之处，但其实本质上是有关联的。我至今仍非常在乎公平正义，这一点未曾改变，这个信念已进入我的骨髓，不管从事哪个行业，处在社会哪个位置都不曾离开。通过导师这项工作，我把此一信念传达给学员们，用不同的做法来促进和平、和谐和公平。

方向可以转变，观念更是可以

人生目标可以转变，观念也是可以的，改变本质不一定是妥协，有时候是一种升华，但看个人的心态。

我曾受一位水泥企业老板的委托，到他的公司做内部企业文化培训。去上课之前，这位大老板告诉我："公司福利不错，但觉得员工好像不是很快乐。"希望能帮他们打造企业文化，从中层主管做起，让他们向下影响，带领下属改变。

接触之后我发现，无论是在第一现场的员工，还是负责内勤的职员，他们对公司都有个既定印象，那就是"脏兮兮"，因为水泥有许多灰尘，开采和制造都摆脱不了这个问题。他们私底下向我透露："觉得自己的工作没有价值，在这家公司上班有点没面子。"这是他们不快乐的主因。

课堂上，我带领大家讨论，水泥到底对现代人的生活具有哪些影响，以及如果没有水泥也就没有建造，国家的基础建设都将停摆，对民生经济会带来多大的冲击。最后，大家都认同水泥的重要性，更爱上“我们创造凝聚力”的这个说法，原有的工作观被彻底扭转，开始以“身为公司的一分子”为荣。

我想你一定有去过游乐场，请回想一下，游乐场的所有设施都能样样受你喜爱吗？更何况是人生呢，当然也不可能每件事都能如你所愿。差别在于：游乐场里你可以只选择好玩的，放弃无趣的，但人生无法如此比照，有些事即使不怎么有趣，还是得将它完成。

当学员抱怨：“我好讨厌上班，觉得很浪费生命，可是又不能不做，没收入会饿死的！”

我的建议是：“不妨想一想，工作获得报酬，你能拿它做什么？可以养家糊口，支持你去学现代舞，让你此刻坐在课堂上探索自己……”

当学员抱怨：“我不喜欢带小孩，女儿出生以来，从没完整地睡上一觉。”

我的建议是：“想想养儿育女的意义吧！女儿是你和另一半的爱情结晶，是你们生命的延续。还记得她长出小牙齿时，你们夫妻有多开心！因为这个孩子，你们才升级成为父母……”

如果你对该做的事找不到任何热情，请至少赋予它意义吧！思考意义存在的价值，你便会慢慢改观，接纳自己的责任，心甘情愿地负责。

算不算成功，得交由时间来定义

虽然每个人对成功的定义不同，但是对成功的渴望都很强烈。在我的课堂中，不乏受群众公认的成功人士，尤其经常有企业家前来取经，这些来上课的大老板最常提出的问题是：“如何让我的事业永续？”

我欣赏这些企业家的危机意识，即使已位居业界龙头，他们却都明白“今日的领先不保证明日的存活”。世人眼中的成功多数是短暂的，实际上它只是个过程而非终点，所以必须不间断地经营和维持，否则企业就等着灭亡。

不只企业，人生有许多事亦是如此，好比求学、恋爱、结婚、教养、养生……都是长期进行式，唯有不断延续才算真正的成功，否则只是昙花一现、南柯一梦罢了。

成功是一种长期持续的状态

一位在澳门投资房地产的朋友，被视为新兴的商业大亨，媒体圈、朋友圈和同行都认为他是成功人士。然而，不久前他旗下的房产连锁公司传出倒闭新闻，令各界都感到相当错愕。

人们对成功的定义有时过于轻率，误把“一时目标的达成”和“成功”画上等号。在我的眼里，成功是这个世界和我一起对自己发出认同，把各阶段的目标一一达成，就有可能成功，另外成功还必须历经时间考验，能持续才算数。

我很有自信，也喜欢明确的赞美。例如：“你今天的演讲带给我很大的启发！”“你刚才给企业家的忠告非常实用！”那会让我觉得名副其实。然而每当有人赞美我成功时，就会感到不自在，觉得自己受之有愧。

这并非我不认同自己，而是不过四十几岁，世事变化难料，谁知明日的我会是如何？现在就称赞我成功，未免太早了。成功的定义不宜下得太早，可以慢慢观察，留待将来受世人评价。倘若再过几十年，我还能对社会做出贡献，届时若有人给我“成功”的赞誉，我会欣然接受。

有些人在实现目标之后就认为自己成功了，只顾着得意扬扬，却忽略“成功应是一种持续的状态”，眼前的荣景若无法长期维持，很难得意地笑一辈子。

人生没有永远的上坡路，不难想见成功是何等不易。我常会提醒学员，人生是个创造的过程，我们不要为一时的成功而骄傲，同样也无须为一时的失败感到沮丧，因为那都是“一时的”。要知道，一次性的成功极可能是运气使然，或者时势正好站在你这边，只有能长期维持下去才算得上真正的成功。

与其把“做个成功人士”当作一生的目标，我更乐意奉上爱因斯坦的哲言给大家参考：“不要努力成为一个成功的人，要努力成为一个有价值的人。”唯有成为有价值的人，这个世界才会和你一起对自己表示认同。

无论是婚姻还是人生，认真看待才能成功

除了事业与工作，婚姻与感情是人们最关心的人生课题，这也是许多学员经常提出的困惑，需要导师协助他们厘清思绪。

我发现，有些年轻人把结婚视为成就，认为自己的爱情圆满了。因此我问：“和相爱之人步入礼堂，结婚的当下就代表爱情成功了吗？”这引发热烈的讨论。

多数女学员举手赞同，认为童话般的婚礼等同于一种成

就，代表恋爱很成功，实现了人生目标。多数女孩总憧憬着浪漫婚礼，希望穿上最美的婚纱，举办一场热闹盛大的婚宴，用非凡的仪式来向诸亲友宣告：“我的爱情修成正果了，我们会幸福一辈子！”

当我追问：“然后呢？”大家却无言以对，因为多数人把这当成“结局”，很少去思考之后应该做些什么。

如果结婚仪式是宣告双方关系的最高点，那就太悲哀了，因为最高点过后，意味着下坡。我对学员们提出看法：“结婚其实只是个里程碑，代表两人在交往道路上一个值得纪念的点，它并不是目标，也不能保证婚姻成功。”

很多男生会觉得，完成婚礼等于实现目标，有一种“总算定下来”的放松，之后便不把心思放在经营感情上，只顾着发展事业，而且还会理直气壮地说：“这是在为我们的将来打拼！”时代不同了，如果用这种态度敷衍婚姻，两人的感情会冷淡得很快，甚至让婚姻维持不下去。

我觉得“结婚”本身，就是对双方很大的肯定。每个男人都该认为：“太太愿意把自己的终身托付，是对我最大的肯定。”每个女人也该相信：“丈夫愿意与我相互扶持一辈子，是对我最大的肯定。”婚礼的举行只不过是宣告和做出承诺，接下来需要彼此付出努力，别让对方的肯定变成后悔，这才能成为承诺。

我想提醒大家，无论是婚姻还是人生里的任何事，唯有认真看待，才有机会好好延续。“实现阶段性目标”和“成功”是两码事，请不要随便画上等号，否则纵然眼前笑得再得意，过后也会无以为继。

或许，你可以这么想：

人生是个创造的过程，

如此难得的一趟旅程，请不要辜负自己；

我们有能力替自己的人生定位，

更有能力创造自己的核心价值。

我们现在所享受的，

是前人留下来的成果，应该心怀感恩，

接下来，且看能为后人留下什么，

那才是我们的价值。

如何做一个有价值的人?

从进入教练学领域以来，

我的人生目标没改变过，

一直是努力成为有价值的人；

在我心目中，胸怀坦荡，

拥有创造力、影响力和奉献心，

即是有价值的人。

要知道，有能力开创命运的人，

不会吝惜带给他人幸福。

在我眼中，这叫作“价值”！

我经常在课堂上提醒年轻人，功成名就并非世间唯一的珍宝，并鼓励他们以追求成就感和荣耀感为目标。有较年长的学员发问：“老师见多识广，大山大水看遍了，请问您现在追求的目标是什么？”

“见多识广不敢当，但我的确遇到过有各式各样追求的人。我的人生追求很简单，进入教练学领域以来没改变过，一直是努力成为有价值的人。”

“价值”两字极难定义，因为每个人的答案不同，我很乐意说说自己眼中何谓“有价值”的人，那就是胸怀坦荡，拥有创造力、影响力和奉献心的人。

有所为，有所拒，价值观明明白白

阅读杂志时，我常常看到媒体对瑞士的介绍，每每心中充满向往。长期以来，我知道这是一个如天堂般的美丽国度，是有生之年该去看看的地方，却忽略了她更是一个很伟大的国家。

瑞士是欧洲的内陆国，国土以山地为主，少有资源和能源，天然条件有限。虽然只是小国寡民，却创造出无数的奇迹：

· 在联合国《2015年全球幸福指数报告》里，第一名是瑞士。

· 英国《经济学人》信息社（Economist Intelligence Unit）在2013年所做的研究中，“最佳出生地指数”第一名也是她。

· 世界经济论坛（The World Economic Forum）所公布的2015—2016年全球竞争力指数，瑞士依然拿下第一，并且是第六次蝉联冠军宝座。

· 世界知识产权组织（World Intellectual Property Organization）公布的“全球创新指数”，从2012—2015年，每年的冠军都是瑞士。

在我看来，瑞士最可贵的资产其实是国民素质。作为最爱公投的国家，他们在多次投票里以压倒性的比例，否决了“无条件基本收入”，也否决了“延长法定带薪假”和“订立最低工资”，这令很多民主国家的劳工觉得不可思议。福利越多越好应是绝大多数人所乐见的事，为什么这样的议题会被瑞士人否决呢？尤其是“无条件基本收入”的门槛是2500瑞士法郎，换算成台币将近84000元，每个月无论如何都能有这么一笔收入，何乐而不为？

或许基于更深层次的考量与辩证，总之，瑞士国民很坚定地拒绝了“不劳而获”，我觉得这是公民意识和素质成熟的表现。

在我们的人生当中，有很多事情和信念必须被坚持，这是对自己的承诺。我的母亲是个胸襟宽大、性格磊落的人，“当取则取，当拒则拒”“有所为，有所不为”是她要我一辈子坚守的原则，因为有了这把尺，我的心明白坦荡，对于价值观毫无疑惑。

生命短暂，创造力和影响力却无限

时下的人们强调创意和创新，然而令人遗憾的是，许多人把这两者视为传统的对立面，误以为只要有别于过去的一切作为，都算是创意和创新之举，这种思维有些天真。

我很重视创造力。创造力经常遭到误解，被轻率地与创意画上等号，实际上创造力不等同于创意。创意有时只是飘在空中的点子，虽然闪亮耀眼，真要落实却未必行得通。创意必须被设法加以实现，才有资格被称为“创造力”，否则只是天马行空。

华人世界里的杰出企业家多如繁星，我认为郭台铭先生是最引人注目的一位。踏实与果敢是郭先生的特色，鸿海集团的茁壮成了最佳注解，这几年来，该集团不断拓展事业版图，收购日本夏普更成为全球关注的财经新闻。我欣赏郭先生的敢想、敢做，他可说是充满创造力的代表人物。

至于影响力的代表人物，我还是推崇苹果公司的创办人乔布斯先生。乔布斯虽然已在2011年过世了，但他的成就至今仍在发挥着影响力，且将长时间继续左右世人的生活形态。他的蜕变、他的观念、他的风格仍通过苹果公司的商品和以他为主角的书籍、电影等持续影响着后世。

我不断强调梦想的重要性，也在此诚实地告诉大家：

“要实现梦想，很难省力；要有巨大的梦想，就得要有巨大的承诺。”我见过不少拥有大梦的才干精英，因为不乐意多付出，不愿对世界多做奉献，最后几乎都以失败告终。

有能力开创命运的人，不会吝惜带给他人幸福，所以请别舍不得给出承诺，这世界会对你的承诺予以回应。即使生也有涯，创造力和影响力却无远弗届，有能力且有心奉献，这才是最真正的价值！

决定人生的是命运，还是意向？

无论是持宿命论或反宿命论的人，都曾来到我的课堂上寻找人生答案，而我也经常被问起：“什么决定我们的人生？是命运，还是意向？”

说实话，我也在寻觅最佳答案。我和友人们曾多次针对这一问题进行讨论，每次大家都给予很热烈的回应。

一位多年好友私下告诉我：“Chris，我想带你去认识一个人，让你听听他怎么讲。”他想带我去认识的大师，是位80多岁的长者，朋友形容这位老先生谈吐优雅，与他聊天保证如沐春风。既然如此，我当然乐于结识。

运气是空间和性格的搭配

据朋友描述，老先生在45岁之前是位医生，之后因缘际会成为风水师。他的职业令我有点惶惑，因为我素来不信命运。好友请我少安毋躁："收费不高，姑且听听吧。老人家的话，兴许有几分滋味。"冲着这番劝告，我决定破例与对方见上一面。

见面时，老先生微笑地问："想知道什么呢？"

"我想知道，决定人生的是命运，还是意向？"我抱着挑战的态度提出问题。

老先生回答："人生有两件事不变：一是性格，二是命运。"

"既然不变，我来这里干吗？有意义吗？"

"你来，我只负责告诉你，这条路会上山，会下山，会见到河，会看到牛，喜不喜欢是你的问题而不是我的，上天也不会因为你喜欢与否而改变你的命运。"

听到这里，我重新整理自己的情绪，开始认真对待这次的谈话。我抛开"相信"或"不信"的执念，单纯用"面对人生前辈"的尊敬心态倾听他的见解。

老人家认为玄学是一种统计学，可作为参考工具，此外，他相信人的命运自有安排。

"那么，岂不是没办法改变？"

"是啊！不过好命不如好运。运气是空间和性格的配合，性格虽不会变但空间可以。空间若能搭配性格让其发挥，就会带来好运，人自然舒畅愉快。”

细问之后才了解，老先生所谓的“空间”并非指狭隘的硬件环境，还包括了时间、人物和氛围等。

“万一时不我与，怎样都无法发挥，该怎么办？”

“那就韬光养晦，避免冲突，等时间、空间可以配合，自然会扬眉吐气。”老人家答复。

他的话，让我不禁想起乔布斯被苹果公司踢出去和请回来的情境。其实他自己的改变不大，依然创新又勇于冒险，坏习惯也大致还在，只不过苹果公司在不同时间点遇到不同挑战。上回需要的人才不是他，所以他被扫出家门；而这回需要的却是他，所以又被请了回来。

听老先生一席话，我茅塞顿开，终于找出答案——命运纵使无可改变，但我可以坚守意向，等待时间、空间能配合之时，继续追求自己的梦想，就这样，我的人生还是掌握在自己手中。

意向和方法，永远都成正比

我们无法预知命运，但是经常可以预估事情的结果，因为：

结果＝意向×方法

这是个聪明又完美的公式，“结果”会告诉你，你的意向到底够不够。如果我们以正整数1～10为范围，来表示意向的高低和方法的优劣，若想得到100分的结果，唯一途径是10×10，也就是用“最强的意向”搭配“最好的方法”，才能得到“最佳的结果”。

有人会说：“虽然我的结果只有10，但我的意向满分，只是没找到好方法，才会造成10×1＝10的结果。”也有人说：“虽然我的结果只有10，但我的方法真的很棒，只是没那么渴望成功，才会造成1×10＝10的结果。”

在我看来，上述两种状况都是不成立的。其一，拥有最强意向的人不会接受只值1的烂方法，他会不断寻找，直到最好的方法10出现为止；其二，最好的方法不属于意向只有1的家伙，意向低落的人绝想不出10的好方法。换言之，意向和方法会是相辅相成的组合，两者相互影响，一起决定了结果。

因此，当有员工自诉：“我已全力以赴，真的有心把事情做好，只不过……”我就会把这个“10×10＝100”的理论教给他。

如果你觉得9分已经相当高了，就要有心理准备迎接不如预期的结果，因为9×9＝81，你只剩下100分的八折而非九折。如果你觉得2分不算最差，那么2×2=4，你会连100分的一折都不到！

现在还有谁敢说意向不重要？我们别无选择，只能用百分之百的最大力量去面对人生，这样才能从上帝手中接到“10×10=100”的美好成绩单。

男与女的需求和价值大不同

“男人和女人是来自不同星球的两种生物！”乍听之下，我觉得这是一句俏皮话，但进一步细思，又觉得幽默之余挺有几分智慧的。

科学家不断告诉我们，男脑、女脑无论在结构还是情绪反应上都有些许差别。撇开先天的生理差异不谈，后天的教养方式与社会期许，都对日后的差异结果起了推动的作用。常有年轻学员在感情上遇到瓶颈，寻求人生导师的协助，他们既无法厘清自己的意向，也不理解交往对象的真实想法。正如我不断强调的观念：“事情就是事情，没有好坏之别。”既然男女有别，双方在需求和价值认定上经常不一样，若能对此事有所认知，应该能对相处有莫大的帮助。

尊重、肯定、爱与关怀是共同需求

我在课堂上概略调查过，男女朋友或夫妻吵架时最常说的话是：“你根本不知道我要什么！”

这个“不知道”，多半源自彼此衡量价值的差异。我不是两性专家，更无性别歧视，只针对长期课堂观察来谈。我发现，男性学员对提升事业和被尊重的渴望度相对较强烈；女性学员则愿意花更多时间探讨家庭和爱情议题，尤其介意自己是否处于被爱、被关怀的两性关系里。

许多男学员会这么说：

“很希望被认同、被欣赏，无论是另一半还是职场同事。”

“我希望自己是有权做决定的人，而不是被决定的人。”

“我愿意花时间应酬，这是成功的代价。”

但他们也坦诚地说：

“女友常抱怨我太少陪她。”

“老婆总是怪我加班太多，不关心家庭。”

“老妈总会唠叨说，加班又没钱，你干吗如此卖命？”

这类怨言令他们感到相当受挫，觉得自己不被理解也不受尊重。

女性从小较善于表达，长大后也勇于说出“我觉得你不够爱我”，愿意积极地和另一半沟通。但男性往往做不到这一点，他们说不出“觉得你不够尊重我”，甚至认为说出口就是丢脸。

因为教育、学习和觉醒，现代女性的能量不断提升，当男性还在用很阳刚的一面处世，女性却能同时拥有阳刚与阴柔的双重能量。根据中国老祖先的逻辑，刚柔并济是宇宙最大的力量，可想而知，多数时候女性会是更优势的一方。这一点很值得男性好好思考，该如何与女性协调、合作，而不是一味地把旧习性搬出来搪塞。

无论男女都需要尊重、肯定、关怀与被爱，比重或许稍有差别，但这些都是两性相处的必要条件。

植物有生命，需要培育与呵护；婚姻、爱情亦是如此，否则将干涸而死。别以为结婚了就能坐等白头到老，婚姻没那么容易敷衍，若不肯付出心力去经营，迟早会被淘汰出局。

想扼杀感情？不停比较就行

感情世界里的大忌讳是“爱比较”，想毁掉一段感情关系轻而易举，只要不断拿另一半和别人做比较就够了。例如：“阿忠的太太从不啰唆！”“你摸着良心讲，我妈怎样对你？你妈又怎样对我？”“老陈全家又去欧洲玩了，什么时候才轮到我们？”“我大学死党都有孩子，只我没有。”等等。这类句子是否常出现在你们的日常对话当中？如果是，请尽快戒除，那会对你们的感情造成重大伤害。

相对于爱比较，另一种折磨是来自双方成长速度的差异——有人还在原地踏步，有人却早已大步前行。

某次听到几位女学员主动分享婚后心情，引起其他女同学的热烈回应：“我丈夫太迁就我了，什么事都说‘你好就好’！”“我先生很没主见，大小事都要我拍板。”“我正在挣扎要不要离婚，他实在很不长进。”……抱怨连连的女学员中，不乏在职场里大幅跃进的女强人，她们猛一回头便会开始觉得另一半配不上自己。

进一步询问当初爱上对方的理由，很奇妙地，和现在嫌弃对方的理由根本是一体两面。“现在嫌他没主见，当初却认为他很尊重你，凡事在乎你的想法。你的丈夫可能没变，而是你变了。”我指出个中的矛盾之处，女学员也很感慨当年的蜜糖变成现在的毒药，并非她所愿。

“无法改变对方，令我感到很痛苦。”她甚至激动得流下泪来。

“你的丈夫不是我的学生，我无法帮你改变他，但我能引导你来改变自己。”

我的建议是，请她把焦点放在“相互关系的改变”，不要固执地想“我觉得他如何如何”，甚至可把“促成家庭和谐”看作一个目标来设法达成。

有人说“婚姻是一种修行”，其实每一段感情都是。纵然是良缘天成，婚姻路上照样潜藏着各种冲突与考验，得运用智慧去化解、去跨越，这不仅是对另一半的爱，也是基于对自己的尊重。

东施效颦，因为她不知道自己的价值

西施是中国四大美人之一，西施蹙眉捧心的姿态，见者无不动心，更是许多仕女画家喜爱描绘的对象。伴随着女主角西施，另一个角色诞生了，那就是东施。

小时候读到“东施效颦”这个成语，内心会想：“这个东施真笨，没事干吗学西施？真以为只要做同样的动作、表情，大家就会夸她是美女吗？太缺乏自知之明了！”

成为导师之后，东施的形象在我脑海里忽然鲜明了起来，心里不再对她讪笑，而是为她感到遗憾。很显然，东施没有一位好导师，否则不会把力气放在不对的地方，平白沦为笑柄。

拷贝不是错，人自小从模仿开始

类似东施的举动，很多人都做过！19世纪60年代，赫本头

“流行一时”，人人都想像奥黛丽·赫本（Audrey Hepburn）一样美丽高贵。不久前，我发现很多年轻女学员戴手链，她们得意地告诉我，这手链是“追韩剧”时买的，和某部戏女主角的手链一模一样。

并非只有女生喜欢模仿，不然你以为猫王的飞机头是怎么流行起来的？还有，每次邦德电影、超级英雄电影上映后，总有男生不管自己适合与否，改穿类似的西装款式，或把头发染成新颜色。

总之，无论性别、年龄如何，人都有模仿的欲望，想让自己变得更好看、更有魅力，只要没有侵权问题，拷贝别人的造型或动作不算多严重的事。如此想来，东施小姐又有多大的错，需要被讥笑2000多年之久？

之所以会“见贤思齐”，代表认定对方是“贤”，觉得对方很棒，有魅力，想和对方一样。何况人的成长本就从模仿开始，包括宝宝牙牙学语，学习使用餐具，长大后学外语、学作文、学跳舞、学开车……哪一桩没有模仿成分？

西施的蹙眉捧心，来自她有突发性心绞痛的毛病，以现代医学来判断，这位美女可能有二尖瓣脱垂的问题。东施的姿色远不如西施，《庄子》甚至以“丑人”来称呼，但东施没有心痛的毛病，至少是个健康女孩。

我在想，如果身边有这么一个女孩，不漂亮但健康，怀抱变美的欲望，也有表现出来的勇气，我想可以引导她看见自己的优点，尽其所能去发挥。她可以是浣纱高手，也可以勇敢去市场卖柴，为自己多挣点钱，买适合自己的衣裳，做合适的打扮。如果东施不以追求他人的赞美为人生目标，不盲目复制西施的模式，一定可以另辟蹊径创造自己的风格，找到欣赏自己的朋友，活得更自信也更愉快。

模仿非坏事，重点是“你”在哪里

日本是很擅长模仿的国家，可贵的是在模仿之后会加入更多巧思，然后远远超越被模仿的对象。近年来，韩国也发挥同样优势，在戏剧、电子、服饰、生活杂货等领域进步神速。模仿并不可耻，重点在于能否加入自己的创意，变成另一种层次的东西，并拥有“自己的风格”，倘若没做到这一点，那与海盗、山寨有何区别?

我的员工里有室内设计师，每当他苦寻灵感却不可得时，我总是鼓励他出去走走，看看别人的东西，或许能从中得到启发，这时再加入自己的概念，只要掌握设计的精髓，就能变成自己的东西。

我在训练徒弟时，常安慰他们不必操之过急，贯彻三个步骤便可成为独当一面的超级讲师。

第一步骤是模仿前辈。一开始不必急于创立自己的风格，将关注的焦点放在传达的概念上，尤其是我所讲述的内容。

第二步骤是加入意见。等熟悉内容并充分掌握精髓之后，再加入自己的意见，甚至可以做些调整，让说法更精辟、更具说服力。

第三步骤是开发风格。每个人都有自己的特质，授课时可将特质强化并表现出来，然后参考听众的反应进行微调，创造出自己的独特风格。

许多人都觉得要成为讲师很难，但经过此三步骤的拆解，以模仿为基础，是不是简单多了呢？即使不是当讲师，而是在职场里学习当个主管，也能循此模式去摸索。

换个角度思考，模仿至少让我们了解他人的成功点。有些人只是为了特别而特别，缺乏真正的想法和独特点，一味追求标新立异，这是非常危险的行为。被讥笑事小，阻碍了成长才是最大的损失。

无论哪一种性格，都能拥有魅力

我很不愿意听到“因为我没魅力，所以……”这种句型，后面可填上的字眼可谓五花八门，例如“交不到女朋友”“蹉跎了结婚黄金期”“注定当独行侠”“永远当不上主管”等。把人生挫败归咎于“缺乏魅力”，这种说法固然方便却不真切。

首先，细究便会发现，找不到女友或结婚对象的人，有相当大的比例是根本没付诸行动；至于找不到合作伙伴，无人相挺，则是因为自身往往逃避参与团体活动。既然事出有因，就不该把责任推给“缺乏魅力”，诚实找出真正问题所在才是王道。

其次，“魅力”无绝对标准，任何性格、长相、职业、国籍的人都能成为魅力人士，请别再拿“长得不好看”“无法能言善道”“不活泼外向”“没从事热门行业”来当借口，直视问题的核心吧！

魅力风范无定论，做自己最有好人缘

不外向就没人缘？没这回事！内向根本不是问题，它只是相对于外向的一种说法，两者各有特质，无好坏之别。重点在于，不管是内向还是外向，只要能了解自己，尽可能采取让自己自在的方式，把善意传递出去，在团体中找到自己的位置并做出贡献，用诚意去打动别人，自然会得到认同，甚至有人愿意跟随你。如果你的选择是成为跟随者，团体也会因为有你而变得更坚实。

我的团队里有各种类型的人，通过思维测评发现：有些人是分析型，特别适合当幕僚；有些人是概念型，虽天马行空但颇具前瞻性；有些人是社交型，特别擅长且乐于交际；有些人是结构型，对于执行步骤特别在意。然而，各种特质在每个人身上都存在，只是比重不同而已。虽然先天本质难以改变，后天只要适才适性，因材施教，人人都能将自己的能力发挥到极致。

我认识一位企业的执行官，旗下有近200位员工，他记得每个人的生日，会亲手写卡片祝贺，每位员工都觉得他好亲切。他的工作需要应酬，大家都相信外向的他必然游刃有余，然而他一点都不喜欢社交，连自己也为此感到疑惑。经过测评，他其实是结构型的人，做那些看似社交的举动是为了达成目标，他真实的想法是："我认为收到高层亲笔写的生日卡，能提升员工对公司的忠诚度，况且善待员工就是维护公司的资产，是我本职该做的事。"

我师父常说："人有优点也有缺点，何须因为不完美而自责。当优点得以发挥，你可以不理会缺点；当缺点阻碍优点的发挥，你就得正视它。"我觉得这番话很有道理，你不必紧盯着自己的缺点而惶惶不可终日，而应把精力专注于优点，一旦缺点妨害到优点，这时千万不可逃避，直接面对它吧。请切记！美丽没有标准，魅力更是如此。马儿会奔驰，老鹰会高飞，兔子会跳跃，这是与生俱来的能力，当它们得以将这些能力自然发挥，就是它们最有魅力的时刻。人也一样，有人注定呼风唤雨，有人注定成为中流砥柱，那就去做吧！做自己该做的、能做的、想做的，就会成为有魅力的人。

越老越有魅力，是智慧使然

曾有女学员提问："衰老是无可避免的自然现象，但为什么有人越老越美呢？"我还不及回答，她连忙补充："我说的'越来越美'，不是指去整形，也不是那种不老的美魔女。我是想知道，为什么有人满脸皱纹却充满魅力？”

“你是想知道，魅力为何不会像美貌那般随着青春流逝而不再，甚至还会增加吗？”我如此解读问题，她则不断点头称是。

“答案很简单，‘智慧使然’！不过这话太笼统，请容我进一步解释。这些长者理解并接纳了一些事，让自己内在的纷争减少，逐渐与世界发展出更和谐的关系，令他们散发出一种吸引力，使人乐意亲近，这就是魅力。”

很多人年轻时愤世嫉俗，觉得社会不公平，人生而不平等，于是开始自怨自艾，甚至不断与外在世界冲撞。等到年纪增长，看多了，想多了，有的人慢慢理解“最严重的纷争，是内在心灵与外在世界的抗争”，也明白世上很多不公平是缘于每个人的出身背景不同，那是无解的。于是产生谅解，进而接纳事实，愤怒与不快乐减少了，甚至有办法圆融地看待这个世界。这样的长者，其内在与世界是平衡的，谁会不喜欢与之相处呢？

放下执念，将换得另一种层次的豁达，心灵一旦自由便能散发新自信。我非常喜欢孔子的说法：“吾十有五而志于学，三十而立，四十而不惑，五十而知天命，六十而耳顺，七十而从心所欲，不逾矩。”若能达到这境界，年老又有什么值得恐惧呢？

世界虽大，
你却是一切的源头

人是世界的一分子，我们每时每刻都在与世界互动，你与世界的关系如何，自己的心最清楚。当你与世界的关系和谐、平衡时，你会感到快乐、自在、自信而成为有魅力的人；当你与世界的关系冲突、失衡时，你会感到愤怒、矛盾、恐惧、自卑，饱受负面情绪的纠缠。

我曾见过一些青少年，在短短十几年生命中，应该未受过太大的挫折，但内心却充满怒火，看谁都不顺眼，犹如觉得整个宇宙都在刁难他。有些孩子迫于家长的态度或学校的规定，勉强吞忍，佯装服从，表面上看似熬过了叛逆期，内心其实是波涛汹涌，压抑之下无法获得真正的平静。随着一张毕业证书到手，直到有能力养活自己，不必活在父母的羽翼之下，他们却仍无法拥有独立自主的喜悦，只是从不快乐的孩子变成不快乐的大人。

这类年轻人来到愿景集团时，我给的建议是："从溯源开始吧！"

溯源让你认识自己，为疑惑找答案

"你是不是觉得，整个世界都跟你唱反调？"

我的这个提问曾让很多青少年红了眼眶，记忆最深刻的是一个满是刺青的男孩嘟起腮帮子，转过头不肯与我对视，到了最后竟然号啕大哭起来。

很多人小时候常觉得孤单、很痛苦，在长大过程中慢慢淡忘了这段经历，以至于为人父母后无法理解孩子的孤单和痛苦。对于有这种"成长痛楚"的年轻孩子，我会带着他们厘清那个"和我唱反调的世界"到底是什么。

曾有孩子问道："就像大人会领着怕鬼的小孩打开衣橱，看清楚里头其实没有鬼。老师，你是不是要告诉我，其实没有人跟我为难，是自己乱想的？"

"不，我只是想提醒，表面上我们活在同一个世界，但其实每个人各自活在自己所创造的世界里而不自知。你的不快乐、不平静都是真实的，我不会否认它的存在。"这个回答多少化解了孩子的对立感。我指着自己的脑袋继续说："那个会跟‘我’唱反调的世界不在外面，在里面！”

你的世界既然是自己所创造的，当然可以改变它，因为你就是这个世界的源头。溯源课程是带领人们领悟自己是一切的源头，之所以觉得这世界愤怒、沉闷，也是你自己带进来的，因为你执着于那些负面的事物，迟迟不肯放手。但只要你愿意，可以立即改变自己的想法，把希望拥有的各种元素带进来，你的世界就会发生变化。

你对世界怎么定义，勇敢说吧

第一次离职创业时，是我人生最孤单的一段时光。原本以为，那些对我心悦诚服、拥有相同梦想的下属，应该很期待跟我一起去闯一闯，我们可以共同携手打造另一个事业王国。我甚至天真地幻想：“他们一定热切地等着我发出邀请！甚至感激我的知遇之恩。”

但事情的发展出乎意料，我悻悻然地离开了，即使师父给予满满的祝福，不愿共进退的下属仍令我失望透顶。创业本来是一桩喜事，应该很开心、很兴奋才对，结果我却沉溺在愤恨不平的情绪里，不断觉得遭到背弃，把自己想成受害者。

这样的情绪对我影响甚大，也让第一次创业蒙上阴影。直到有一天再也受不了，我大声地嘶吼："Chris，你够了吧，拜托理智一点，快把思绪厘清，不要再沉沦了！"

在冷静之后，我很快看清事实，当初的我可以用"年少得志""恃才傲物"来形容，处世算不上成熟。至于那些下属只不过"服从于我的头衔"，而非"服膺于我的能力"，是我自己误判状况才会产生不切实际的期待。

接下来，我问自己："如果失去了一切，我不再是从前的我，那么我是谁？可以怎么做？"

深入思考这个问题前，我明白必须先对自己诚实，才有机会挖掘出真正的答案。最后我告诉自己："要做一个开创者，相信自己有能力把世界变大。因此必须放下过去的执念，那些沽名钓誉的事情不值得再花心思，应该把精力放在重要的事情上，立刻卷起袖子去做有意义的事。"世界霎时变得豁然开朗，我终于明了："自己可以定义和创造这个世界，并通过发现与认知，成为这个世界的主人。"

我对世界所下的定义是："我的脚去到哪儿，哪儿就是我的世界。"你呢？你的定义是什么？

每个人
每一天都在创造世界

俗语说："人生不如意事十常八九。"所以有人认定这世上不快乐的人远比快乐的多。相对这个悲观想法，我曾在网络上读过一篇很有智慧的文章《常想一二》，作者是台积电创办人张忠谋先生。

这篇文章指出，生命里不如意的事占绝大部分，扣除那八九成的不如意，尚有一二成是如意的，如果想过快乐人生就要常想着那一二成。

张先生素有"台湾半导体教父"之称，他在文章的最后写道："原来如意或不如意，并非取决于人生的际遇，而是取决于思想的瞬间。原来决定生命质量的不是八九，而是一二。"

我推荐大家上网阅读这篇佳文，篇幅虽不长却一语道破正向思考的力量。正向思考不仅能帮助人们跨越苦难，在转念的瞬间更有助于我们创造更好的世界。

别怨天尤人，“宁愿”是自己的选择

面对中年学员时，我最担心听到“我这一生被××给误了”这种话。当这句话脱口而出时，一来代表眼前这位学员对自己人生有太多怨怼和无奈；二来我打从心底无法认同，因为只要坚定拒绝，任谁都无法逼迫你做任何事，哪来“被误”的讲法？

我曾提醒对方：“不想被误，大可拒绝做这件事呀！”对方不假思索便回应：“不！我宁愿做这件事，也不想让家人饿死！虽不喜欢但至少能养家糊口。”

你看！答案出现了！原来为了养家糊口，让家人有稳定生活，这位学员“宁愿”继续做不感兴趣的工作，甚至宿命地视为是一种代价。

当一个人把“宁愿”挂在嘴边，代表他已做出抉择，只是还不甘心，无法坦承自己所做的抉择。所谓“宁愿”，是在不算满意的情况下，权衡利害得失来做决定，或许不是自己最满意，却是盘算忖度后的选择。嘴巴虽说着“宁愿”，心里头却非常清楚。但无论如何，可确定的是你的智慧现身了，勇气却暂时缺席。

每当遇见自称“为五斗米折腰”的学员，我都会安抚对方，劝他不要怨天尤人，在你决定折腰之际已拍板做出决定，是“你”选择牺牲，是“你”选择扛起赚钱养家的责任。既然做选择的是“你”，又怎能将责任推给其他人呢？

请接纳一个事实：无论后续结果好坏，都是“你”做的选择，请勇敢地告诉自己：“我做主，我承诺，我承担。”

弄清楚方向，勇敢去争取，你就是主人

我在第四章曾提及，无论教练还是导师都扮演着明灯的角色，陪伴和引导学员解决人生里的各种困惑。因此当我成为导师之后，和学员之间出现好几次类似这样的对话：

“老师，我是来厘清方向的，请协助我。”

“你真的不知道方向吗？”

“当然不知道，不然我来干吗？”

“你是假装不知道方向，把决定权抛出来逼我接招吧？！”我拆穿对方，“如果你做出清晰的表态就得为人生负责。你在逃避这个责任，对不对？”

多数学员听到这里，会开始变得沉默。

厘清，这是个充满智慧的词。平心而论，来找寻答案的人真的都不知道答案吗？我觉得并非如此，有些人只是“假装不

知道”，因为不敢也不想负责罢了。

既然每个人都能创造自己的世界，也有能力去改变世界，那么就该弄清楚方向，勇敢去争取，这才是对生命负责任的态度，届时，世界的主人非你莫属。

我在每个人生阶段都结识许多好友，他们的友谊是我生命里很大的财富。我从小活泼外向，调皮捣蛋的事没少做，然而也为自己打造了一个很有爱的世界，里面充满不同特质的朋友。我没刻意以任何条件去筛选朋友，和他们结交是自然而然、互相吸引的，并随着相互了解而加深友谊。我很清楚自己追求的目标，这令我所创造的世界越来越广阔。

虽然不刻意去择友，我却发现自己特别受到乐观、积极、正面、有才华的人的吸引，尤其在求学时代，朋友的功课好坏，帅气或美丽与否，我毫不在意。这些好同学长大后分散在不同领域，有的很会修水电，有的在当教授，有的是公务员，有的在家当贤妻良母……他们对家人和社会都做出了贡献，这一切都在我所创造的美丽世界当中。

清楚自己想走的道路，懂得在对的时间伸手把握，你就会对自己感到满意。这世界的样子由你决定，你就是世界的主人！

或许，你可以这么想：

一个不断索求的人，很难成为有价值的人，

而最大的贡献者，往往也是最大的得益者。

每个人每一天都在创造世界，
你的世界既然是自己所创造的，
当然可以改变它，你也该是它的主人，
因为你是这一切的源头。

结语

平庸或杰出，在于你的选择

人生是由一个又一个的选择组合而成，每个当下我们都自觉已经做出最好的选择，而每个路口的选择方向，在于我们带着什么样的心情上路，这也将决定你会看到哪些风景，最后会到哪里。我们的出发点，早已决定了我们的终点。

在人生的道路上，选择与谁同行比什么都来得重要。在我的旅程当中，我结识了很多靠谱的人，和他们一起完成许许多多深具意义的事。很庆幸，在我初出茅庐之际，就选择了一份要在人际关系上冒险的事业，这个选择让我接触到许多人，许多赏识我的伯乐以及奇妙际遇，让我得以开阔出不一样的眼界。

最觉幸运的是，一开始踏入教练学领域，便遇上改变我一生的师父。一个对的人把我带到对的地方，若没有他的循循善诱，虚心教导，给予机会，就没有现在的我。如今我经常对下属和徒弟们说，你们所做的选择，都会是条专属自己的人生路，而我唯一可以给予的就只是机会，能否好好地把握，将决定你的未来。

回想起当初，如果没有选择好好把握机会，现在的我很可能只是平庸度日。但我选择诚实面对自己渴望的将来，希望完全显露自己的天赋，于是选择走上“不一样的路”。如同著名诗作《未选择的路》（*The road not taken*）里所言：“而我选择了人迹更少的一条，从此决定了我一生的道路。”（I took the one less traveled by,and that has made all the difference.）选择一条与众不同的道路，这对我此生产生巨大影响。

师父是那个给我机会的人，他对我的意义非凡，更是我终身的学习典范，我愿意用这本书向他致敬——我的已故师父Jim Cook。

图书在版编目（CIP）数据

深度改变：意愿比能力更重要 / 林国荣著. — 北京：北京时代华文书局，2020.4
ISBN 978-7-5699-3571-4

Ⅰ. ①深… Ⅱ. ①林… Ⅲ. ①成功心理－通俗读物Ⅳ. ① B848.4-49

中国版本图书馆 CIP 数据核字 (2020) 第 031188 号

北京版权著作权合同登记号 字：01-2018-3437

深度改变：意愿比能力更重要

SHENDU GAIBIAN YIYUAN BI NENGLI GENG ZHONGYAO

著　　者｜林国荣

出 版 人｜陈　涛
责任编辑｜周　磊　李唯靓
责任校对｜凤宝莲
装帧设计｜私书坊_刘俊　迟　稳
责任印制｜訾　敬

出版发行｜北京时代华文书局 http://www.bjsdsj.com.cn
北京市东城区安定门外大街 138 号皇城国际大厦 A 座 8 楼
邮编：100011　电话：010 - 64267955　64267677
印　　刷｜三河市兴博印务有限公司　0316-5166530
（如发现印装质量问题，请与印刷厂联系调换）
开　　本｜880mm×1240mm　1/32　印　　张｜7　字　　数｜150 千字
版　　次｜2021 年 6 月第 1 版　印　　次｜2021 年 6 月第 1 次印刷
书　　号｜ISBN 978-7-5699-3571-4
定　　价｜45.00 元